«Parlare per le notti»

Il fantastico nell'opera
di Tommaso Landolfi

Etudes Romanes 51

Collection dirigée par
Hans Peter Lund

Dans la rédaction :
Anita Berit Hansen
Hanne Jansen
Lene Waage Petersen

INSTITUT D'ETUDES ROMANES
UNIVERSITÉ DE COPENHAGUE

Leonardo Cecchini

«Parlare per le notti»

Il fantastico nell'opera
di Tommaso Landolfi

Museum Tusculanum Press
University of Copenhagen
2001

Cecchini : Parlare per le notti

© Museum Tusculanum Press et l'auteur 2001
Etudes Romanes, vol. 51
Rédigé par Lene Waage Petersen
Mise en pages par Ole Klitgaard
Imprimé au Danemark par AKA Print, Aarhus

ISBN 87 7289 695 7
ISSN 1395 9670

Publié avec le soutien financier de
Aarhus Universitets Forskningsfond

Museum Tusculanum Press
Njalsgade 92
DK-2300 København S
Danemark
www.mtp.dk

«Chi si consacra a un'opera viene attirato al punto dove essa è sottoposta alla prova della sua impossibilità. E' un'esperienza propriamente notturna, è l'esperienza stessa della notte.
Nella notte tutto è sparito. E' la prima notte. Là si avvicinano l'assenza, il silenzio, il riposo e la notte.»

M. Blanchot, Lo spazio letterario

Introduzione

Stupisce notare come Tommaso Landolfi, autore di una delle opere narrative più coerentemente fantastiche del Novecento italiano, non venga quasi mai considerato sotto questa veste nelle molte «mappature» del territorio fantastico che si sono susseguite a partire dal fondamentale studio di Tzvetan Todorov (*Introduction à la littérature fantastique*, Paris 1970) sull'argomento. Scrittore raffinato e difficile, che suscita «o grandi passioni o rifiuti totali»,[1] Landolfi a differenza di uno scrittore considerato per antonomasia fantastico come Buzzati (per tanti versi assai vicino al modo di sentire di Landolfi) non sembra essere stato mai apprezzato sotto questa veste dai teorici del genere. D'altra parte neppure la critica landolfiana, pur rilevando più volte la presenza di motivi e tematiche fantastiche nell'opera dello scrittore picano, è sembrata realmente interessata ad approfondire le modalità di questa presenza, preferendo lasciarsi guidare nello studio dell'opera del nostro da un'ottica che potremmo definire fondamentalmente di tipo estetico. Così si è prodotto un interessante paradosso: se i teorici del fantastico non sembrano nutrire particolare interesse per Landolfi come autore fantastico «esemplare»,[2] gli specialisti landolfiani da parte loro, non nutrendo particolari interessi teorici, non hanno attribuito all'aspetto fantastico nell'opera del nostro tutta l'attenzione che a mio avviso sarebbe stata auspicabile.[3]

Forse il motivo di tale vistosa mancanza va in definitiva attribuito alla «marginalità» dello scrittore (marginalità che, è sottinteso, il sottoscritto non condivide) nel panorama della letteratura italiana del Novecento. Scrittore schivo e scontroso, che gioca a nascondersi e sembra continuamente contraddirsi, affetto da un egotismo da far impallidire quello di Stendhal, isolato rispetto alle coordinate critiche dell'Ante e Dopoguerra, Landolfi è sempre stato ed è ancor oggi, a distanza di vent'anni dalla morte, uno scrittore semiclandestino, poco

---

[1] Sono parole della figlia Idolina; cfr. Landolfi, I. (1996), p. XII.
[2] Non lo nominano nemmeno nei loro studi teorici sul fantastico Bonifazi (1982), Albertazzi (1995), che pure è molto generosa nell'attribuire l'etichetta di fantastico ai più svariati autori, e Ceserani (1996). Lo stesso vale per i saggi teorici stranieri da me consultati.
[3] L'unico altro studio, a mia conoscenza, che collega strettamente (anche nel titolo) Landolfi al fantastico è il bel saggio di Carlino (1998) uscito quando questo lavoro era già in stato di avanzata elaborazione.

conosciuto dal grande pubblico e poco frequentato anche dalla critica. Colpisce in particolare accostandosi alla bibliografia critica landolfiana la sua estrema frammentazione. Sono rare le monografie, in generale solo informative, pochi i saggi critici e predominano invece una miriade di articoli e recensioni sparsi su riviste e quotidiani, che si accostano allo scrittore da punti di vista parziali e limitati. Questa frammentazione si rispecchia anche nelle formule critiche utilizzate per definire la sua scrittura.

A Landolfi sono state appiccicate le più diverse etichette; da quella, che ebbe a lungo grande successo, di «scrittore d'ingegno», con cui Pietro Pancrazi salutò il suo esordio di scrittore; a quella di «ottocentista eccentrico in ritardo» con cui in un certo senso lo liquidò Gianfranco Contini; dal «goticismo kafkiano» di Enrico Falqui, al «*pastiche* di un *pastiche* immaginario» di Giacomo Debenedetti; dal «manierismo» di Giorgio Pullini all' «umor nero surreale» di Luigi Fontanella (e si potrebbe continuare ancora).[1] Altrettanto lungo e disomogeneo è l'elenco che è stato fatto dei suoi presunti «ispiratori» e riferimenti letterari.[2]

A me sembra che formule critiche di questo tipo, che insistono soprattutto sul carattere di gioco, parodia, divertimento intellettuale della scrittura di Landolfi, pur cogliendo un aspetto in qualche modo presente nel nostro, non scavino abbastanza in profondità per spiegare la complessità della sua scrittura e del suo pensiero.

Altrettanto insoddisfacente mi sembra la divisione (diventata canonica nella vulgata critica), dell'opera del nostro in due fasi cronologicamente susseguenti. Invece di distinguere schematicamente tra un «primo» Landolfi prebellico (narratore mitopoetico e fantastico, dedito alla forma-racconto) e un «secondo» Landolfi postbellico (più ripiegato su se stesso, dedito a una scrittura a carattere esistenziale e autobiografico nel duplice registro diaristico e lirico) a me sembra ermeneuticamente più proficuo insistere sulle costanti profonde della sua scrittura e del suo pensiero.

---

[1] Pancrazi (1946); Contini (1968); Falqui (1950); Pullini (1980); Fontanella (1983).

[2] L'elenco, non esaustivo, degli ispiratori letterari di Landolfi fatti via via dalla critica contiene nomi come: F. Kafka, E. A. Poe, N. V. Gogol, F. M. Dostojevskij, A. S. Puškin, E. T. A. Hoffmann, G. de Nerval, Lautréamont, U. Foscolo, G. Leopardi, G. Pascoli, G. D'Annunzio, L. Pirandello, O. Wilde, J. A. Barbey d'Aureville, E. Cecchi, F. Berni, L. Stevenson, J. Cazotte, Nostradamus, J. Verne, W. Goethe, Burchiello, L. Céline, C. E. Gadda, A. Moravia, W. Saroyan, G. B. Shaw, M. Bontempelli, A. Palazzeschi, G. de Maupassant e inoltre B. Keaton e C. Chaplin!!

Landolfi è uno degli scrittori più fedeli a se stessi di tutto il Novecento italiano. Tutta la sua produzione si dipana da (e ritorna ossessivamente a) quello che è il suo nucleo esistenziale più vero: uno scarso o evanescente senso della realtà a cui egli sostituisce un amore per le parole, un amore però sempre frustrato e frustrante. Anche il linguaggio infatti si dimostra insufficiente a supplire o a dare senso alla realtà. Si può dire che al centro della sua scrittura stiano fondamentalmente due tematiche (magari mascherate ed occultate, ma sempre ricorrenti): l'inconsistenza della realtà e l'impotenza della letteratura.

Il fantastico offre a Landolfi un perfetto contenitore per queste tematiche. Se, come afferma Todorov, il fantastico ci lascia sempre con due nozioni – realtà e letteratura – ognuna altrettanto insoddisfacente dell'altra, appare chiaro come questa modalità letteraria non possa non apparire profondamente funzionale all'universo esistenziale di Landolfi. Attraverso procedimenti narrativi centrati sull'esitazione, sull'ambiguità e sul dubbio, il fantastico mette in crisi e trasgredisce i rapporti tra realtà e linguaggio e nello stesso tempo, mostrando una speciale attenzione per i potenziali creativi e proiettivi della parola, rende trasparente la propria pratica di sistema linguistico dimostrando così una chiara disposizione metanarrativa.

La scrittura di Landolfi porta alle estreme conseguenze la lezione del fantastico tramandatagli dai maestri ottocenteschi del genere. Egli rivisita coscientemente (e a volte gioca ironicamente con) le tematiche fantastiche, ma soprattutto riprende procedimenti tipici della narrazione fantastica – l'ambiguità, il dubbio, la contraddizione il non-finito – li eleva all'ennesima potenza, facendone una vera e propria marca distintiva della sua scrittura, e li utilizza per mostrare ciò che gli sta profondamente a cuore: l'illegittimità di ciò che chiamiamo realtà e l'impotenza di una letteratura che rimanda sempre a se stessa.

La scelta a favore del fantastico è una costante che attraversa tutta l'opera landolfiana: dai racconti onirico-grotteschi e «metafisici» della gioventù (nelle raccolte *Dialogo dei massimi sistemi, il Mar delle Blatte e altre storie, La spada*), attraverso la vera e propria «trilogia» fantastica della maturità rappresentata da *La pietra lunare, Racconto d'autunno* e *Cancroregina*, fino ai «raccontini» (così li chiama Landolfi stesso) fantastici e manieristici degli ultimi anni della sua vita. Anche i suoi cosiddetti diari (*LA BIERE DU PECHEUR, Rien va, Des mois*) possono essere visti come un macrotesto di poetica fantastica, pieni come sono di riflessioni sui rapporti tra realtà e irrealtà, tra linguaggio e mondo. Come si cercherà di dimostrare nelle pagine seguenti, Landolfi è scrittore che esemplifica in maniera direi quasi paradigmatica le caratteristiche del genere.

Questo lavoro è diviso (divisione ormai quasi canonica negli studi di questo tipo) in due parti: una prima parte dove si procederà ad una «mappatura» e delimitazione del territorio fantastico a partire soprattutto dalle acquisizioni di Todorov, il cui saggio è considerato ancor oggi, a trent'anni di distanza, il maggior studio teorico sull'argomento; e una seconda parte dove si cercherà, attraverso una serie di analisi e sondaggi testuali, di mettere in evidenza le caratteristiche della scrittura fantastica di Landolfi.

Oggetto principale di questi sondaggi saranno i suoi racconti, non solo perché questa sembra essere *la* forma che il fantastico privilegia fin dalle origini, ma anche perché Landolfi, come ha affermato lui stesso in uno dei suoi tanti commenti autodenigratori, è scrittore di «fiato corto», legato (e direi quasi condannato) ad esprimersi in questa forma.

Nel corso della trattazione si farà tuttavia sporadicamente riferimento anche ad opere della restante produzione dello scrittore picano (che comprende, tra l'altro, una vasta e interessante produzione lirica e drammatica, sceneggiati TV, cronaca di costume e elzeviri) ogni qualvolta lo si riterrà necessario all'analisi dei testi. Un posto a parte in questa produzione occupano i tre diari, indubbiamente tra le vette dell'arte di Landolfi (e che meriterebbero un approfondito studio tutto per loro da rinviare ad altra occasione), a cui nelle pagine seguenti si farà più assiduamente riferimento soprattutto per illustrare la sua poetica, visione del mondo e filosofia.

Neppure questo saggio, dunque, può essere definito una vera e propria monografia landolfiana.

Ringraziamenti
Vorrei ringraziare innanzi tutto gli studenti del Dipartimento di Italianistica dell'Università di Aarhus, che hanno avuto spesso una funzione maieutica per l'elaborazione di molte delle idee contenute in queste pagine. Un ringraziamento va anche ai colleghi Svend Bach, Francesco Caviglia, Olivia De Masi, Jan Hupfeldt e Lene Waage Petersen che sono stati così gentili da voler leggere il manoscritto di questo lavoro e sono stati prodighi di suggerimenti e commenti. Un grazie infine a Sus per avermi pazientemente sopportato e incoraggiato durante il lavoro.

Prima Parte

Il territorio fantastico

1. Il fantastico: terra senza confini

Su una cosa i teorici del fantastico sembrano concordare: l'estrema difficoltà se non impossibilità di dare una definizione precisa del termine. Il fantastico è un territorio i cui confini sembrano essere sempre fluidi e difficili da tracciare nettamente.

Le prime difficoltà si incontrano già sul piano semantico e definitorio. Il ruolo predominante accordato alla *mimesis* all'interno della tradizione culturale occidentale fin da Platone e Aristotele ci consente di usare una terminologia solo negativa per definire ciò che è «fantastico»: esso è il «non reale», ciò che non ha realtà. Il «fantastico» quindi presuppone sempre il «reale». Ma varie filosofie del linguaggio nel nostro secolo hanno affermato con forza la natura essenzialmente discorsiva del reale. Da più parti e in maniera diversa si è messo l'accento sul fatto che il reale sembra coincidere con ciò che esprimiamo attraverso il linguaggio (l'uomo conosce le cose solo nominandole). Da qui proviene un sillogismo che suona così: se il «reale» è linguaggio e se il «fantastico» è il «non reale», ne consegue che il «fantastico» è non-linguaggio. Ed ecco che appare in tutta la sua contraddittorietà il paradosso della letteratura fantastica: voler esprimere con il linguaggio ciò che sta fuori dal linguaggio.

Ma se anche non si condivide questa posizione epistemologica e si afferma con forza l'esistenza di una realtà esterna al di là del linguaggio, le cose non cambiano molto. La percezione e concezione di ciò che si definisce «realtà», infatti, varia nel tempo e nello spazio, da cultura a cultura e, addirittura, da individuo a individuo. Essa è una categoria di pensiero storicamente fondata, un elemento culturale e convenzionale. Pare più corretto perciò parlare di «paradigma di realtà», intendendo con questo termine un sistema convenzionale di valori interpretativi e di conoscenze scientifiche che muta nel tempo e nello spazio: «l'uomo non ha altra realtà al di fuori del suo paradigma di realtà».[1] «Fantastico» e «realistico», come vedremo meglio più avanti, sono categorie ambigue (e a partire dall'Ottocento «ideologiche») perché pretendono di descrivere sia un oggetto che il rapporto di questo oggetto con qualcos'altro.

---

[1] Lugnani (1983), p. 54. Altri studiosi preferiscono parlare di «statuto di realtà».

Inoltre «fantasia», la parola da cui deriva l'aggettivo, poi sostantivato, «fantastico», porta in sé un'irriducibile ambivalenza semantica. Essa è stata usata fin dall'antichità come sinonimo di «immaginazione» e ad ambedue i termini sono stati attribuiti sia il significato di capacità riproduttiva che quello di capacità creativa.

Nella psicologia aristotelica e poi nella Scolastica medievale la fantasia o immaginazione o, come la chiama Dante, «immaginativa» (Purg. XVII, 13), è la facoltà intermedia (a sua volta suddivisibile secondo Avicenna in cinque «virtù») che sta tra i sensi e l'intelletto. Essa trasforma i messaggi dei sensi in fantasmi (φαντάσματα) cioè in immagini mentali percepibili dall'anima o intelletto, il quale non può capire nulla se prima non venga convertito in una sequenza di «fantasmi». Nel corso del Medioevo e poi nel Rinascimento la teoria dell'immaginazione di origine aristotelica viene a contatto e si fonde con altre dottrine: la dottrina neoplatonica del *pneuma*, quella medica degli umori e degli influssi tra spirito e corpo, quella magica della fascinazione, facendo dell'immaginazione o fantasia (corpo sottile dell'anima, situato secondo la fisiologia medievale alla punta estrema dell'anima sensibile) una facoltà che presiede a fenomeni e attività molteplici e contrapposte.

La fantasia o «*spiritus phantasticus*» (φανταστικόν πνεῦμα) diviene così la facoltà che non solo riceve e riproduce le immagini degli oggetti trasmesse dai sensi (è soprattutto sull'occhio e sul meccanismo della visione che si soffermano i filosofi naturali medievali), ma forma anche i fantasmi dei sogni e, in certe circostanze, può staccarsi dal corpo e stabilire contatti e visioni sovrannaturali. La fantasia è inoltre sede degli influssi astrali e magici, e, come intermediaria fra corporeo e incorporeo, permette di spiegare fenomeni altrimenti inspiegabili come l'apparizione dei demoni e la stessa genesi dell'amore (l'innamoramento o «*immoderata cogitatio*» di cui parla Andrea Cappellano nel suo famoso trattato *De amore* è appunto la smodata contemplazione di un «fantasma», cioè di un simulacro mentale impresso attraverso lo sguardo).[1]

Così nel corso dei secoli l'idea di «fantastico» è venuta a trovarsi al centro di un complesso mitico, più o meno razionalizzato e teorizzato, che comprende un groviglio di fenomeni imparentati, ma anche contrapposti: la formazione delle immagini mentali, la spiegazione dei

---

[1] Agamben (1977), pp. 105 sgg.

sogni, la demonologia, le credenze sul destino postumo dell'anima e dell'esistenza di spettri, spiriti, ecc., le teorie d'amore, l'arte.[1]

A partire da Immanuel Kant, ci si è occupati della fantasia-immaginazione soprattutto in quanto facoltà creativa (sulla base di un approccio fenomenologico) in collegamento con la teoria romantica del genio artistico, mentre l'interesse per l'aspetto psicologico-gnoseologico (la riproduzione e trasmissione delle immagini mentali) è andato via via perdendo d'importanza.

E' all'incirca in questo periodo che, nella terminologia filosofica delle principali lingue di cultura occidentali, si è andata creando una certa confusione, anzi un vero e proprio rovesciamento tra i significati attribuiti ai due termini. Mentre in tedesco e italiano «fantasia» definisce la facoltà autenticamente creatrice e «immaginazione» quella più passiva e imitativa, in inglese (e in parte anche in francese) è l'opposto. Un piccolo saggio di questa confusione può essere esemplificato dalle seguenti citazioni:[2]

> «la fantasia è produttrice, laddove l'immaginazione è parassita, adatta a combinazioni estrinseche e non a generare l'organismo e la vita.» (Benedetto Croce)

> «Einbildungskraft ist die Prosa der Bildungskraft oder Phantasie.» (Jean Paul [Richter])

> «Repeated meditations led me first to suspect (and a more intimate analysis of the human faculties, their appropriate marks, functions and effects, matured my conjecture into full conviction), that fancy and imagination were two distinct and widely different faculties; [...] Milton had a highly imaginative, Cowley a very fanciful mind.» (Samuel T. Coleridge)

Liberata dalla nozione di riproduzione meccanica delle immagini attribuita a «immaginazione», «fantasia» può essere usata per definire l'attività creatrice, da un punto di vista poetico ed estetico (come fanno i tedeschi e gli italiani); oppure, proprio a causa del significato di attività più libera e combinatoria, può essere considerata fonte di inganni e illusioni, creatrice appunto di fantasmi e considerata attività

---

[1] Scarsella (1995), p. 87.
[2] Tratte da Lepschy (1987).

di minor valore conoscitivo rispetto alla più solida e attendibile «immaginazione» (come fanno gli inglesi).[1]

Basta questo breve *excursus*, penso, per dimostrare la complessità dei problemi terminologici e filosofici e l'irriducibile ambiguità semantica del termine fantastico. Esso da una parte è collegabile alla capacità creativa e proiettiva della mente umana (fantasia/immaginazione con le oscillazione semantiche tra le diverse lingue europee che ho schizzato sopra) e quindi sinonimo di «immaginato», «inventato», «creato dalla fantasia». Ma d'altra parte il termine «fantastico» può anche essere attribuito in senso più ristretto a oggetti, avvenimenti, persone non reali, inquietanti e sovrannaturali: in una parola a «fantasmi» (nel senso etimologico dell'originale parola greca di «cosa che appare»).

E' possibile quindi parlare di letteratura fantastica in due modi: sono «fantastiche» storie inventate, immaginarie, create dalla fantasia (e c'è chi porta addirittura alle estreme conseguenze questo assunto e considera «fantastica» tutta la letteratura, in quanto invenzione di storie immaginarie anche quando ispirate alla realtà) e sono «fantastiche» storie dove appaiono «fantasmi», cioè fenomeni sovrannaturali inquietanti e paurosi.

Se ci si pone nell'ottica della prima possibilità si allarga enormemente il campo d'azione del fantastico. Esso diviene una categoria ermeneutica assai ampia, contrapposto a «realistico», o addirittura sinonimo di «immaginario». Il fantastico diventa così via via categoria ontologica («*objeto de intuición*»[2]), esistenziale («*un état d'âme, un état de cœur*»[3]), oppure, più precisamente, qualità antropologica sovrastorica o «*impulse*»[4] che, insieme al suo contrario «realistico», sta

---

[1] In inglese *fantasy* (e il collegato *fancy*) definisce una capacità onirico-psicologica (quasi allucinatoria) a connotazioni «escapistiche» nella direzione del fantasticare liberamente, bizzarramente e anarchicamente; abbandonarsi al piacere della creazione di mondi immaginari. Proprio queste connotazioni semantiche hanno fatto sì che il termine *fantasy* sia entrato nell'uso italiano (e di altre lingue) per definire un genere particolare di narrazioni moderne per adulti, da non confondersi con le fiabe e la fantascienza, a forte connotazione escapista, ambientate in un sopramondo irreale, sia esso un medioevo di maniera o un futuro «al passato» come per esempio nelle opere di J. R. R. Tolkien o in *Dune* (1965) di F. Herbert.

[2] Belevan (1976), p. 100.

[3] Baronian (1973), p.10.

[4] «The literature is the product of two impulses. These are *mimesis*, felt as the desire to imitate, to describe events, people, situations and objects with such verisimilitude that others can share your experience; and *fantasy*, the desire to change givens and alter reality.» Hume (1984), p. 20.

alla base di ogni creazione letteraria di ogni tempo.[1] Mentre se ci si pone nell'ottica della seconda possibilità si restringe notevolmente il campo d'azione del fantastico.

E' appunto in questa direzione si muove quello che rimane a tutt'oggi il maggior teorico del fantastico: Tzvetan Todorov. Questi, riprendendo agli inizi degli anni Settanta alcune intuizioni di un gruppo di raffinati critici e scrittori francesi degli anni Cinquanta e Sessanta (in particolare sul carattere di «scontro» tra due realtà antitetiche come caratteristica centrale del fantastico[2]) e ispirandosi alle riflessioni di poetica degli autori fantastici dell'Ottocento,[3] definiva il fantastico un genere letterario specifico e storicamente fondato, con procedimenti retorico-formali, aggregazioni tematiche e modalità conoscitive sue proprie.

---

[1] Al fantastico si può attribuire un carattere «consolatorio» e nostalgico come avviene per il creatore della moderna *fantasy* J. R. R. Tolkien. Per Tolkien (1964), autore di opere quali *The Hobbit* (1937) e *The Lord of the Ring* (1966), la funzione del fantastico è fondamentalmente quella di trascendere la realtà e di evaderla in un «*secondary world*» superiore e alternativo, più autentico del nostro. Si tratta fondamentalmente di una concezione escapistica del fantastico (ma la stessa concezione si trova spesso applicata a tutta la letteratura) che copre un desiderio di evasione (legittimo, per carità) dalla realtà di tutti i giorni, sentita come grigia e inautentica, oppure (meno legittimo a mio avviso) di un ritorno nostalgico ai valori morali e alle gerarchie sociali del buon tempo antico. Tolkien è stato negli anni Settanta-Ottanta uno scrittore *cult* in Italia tra quella «cultura di destra» che collega il fantastico all'irrazionale, al religioso e allo spirituale, come per esempio gli esponenti della cosiddetta «scuola neosimbolista» italiana: vedi Voglino (1983). Alex Voglino (p. 12) identifica *tout court* cultura dei paesi dell'est e comunismo e chiama Todorov (strutturalista bulgaro emigrato in Francia) «ricercatore sovietico» (*sic*).

[2] Castex (1951) parla di «intrusione brutale» dell'altro nella vita reale; Vax (1960) di «conflitto» tra reale e possibile; Caillois (1965) di «scandalo» o «rottura» dell'ordine costituito. Soprattutto quest'ultimo, raffinato intellettuale legato al Surrealismo, ha avuto un ruolo importante, con i suoi originali e acuti interventi, nell'opera di legittimazione del fantastico come oggetto di studio «serio». Elegante saggista e critico, Roger Caillois è però meno convincente come teorico.

[3] E. T. A. Hoffmann parla per esempio di un'opposizione tra *wunderlich* (straordinario) e *wunderbar* (prodigioso). Per uno studio delle riflessioni di poetica di autori fantastici dell'Ottocento vedi il saggio di Remo Ceserani, *Le radici storiche di un modo narrativo* in: Ceserani (1983) poi ripreso in Ceserani (1996), pp. 54-58. Todorov riconosce di essere in debito verso i suoi immediati precursori, ma anche verso Sigmund Freud e E. T. A. Hoffmann, giungendo perfino ad ammettere che la nozione centrale della sua teoria, l'esitazione, è presente, formulata in maniera diversa, fin dall'Ottocento. Tuttavia ritiene che le loro osservazioni siano incomplete e disorganiche; in una parola non-sistematiche.

2. La definizione di Todorov

Secondo Todorov il fantastico nasce dalla presenza nel testo di tre elementi. Innanzi tutto dobbiamo trovarci «in un mondo che è sicuramente il nostro, senza diavoli, né silfidi, né vampiri» dove (seconda condizione) «si verifica un avvenimento che, appunto, non si può spiegare con le leggi del mondo che ci è famigliare»[1]. Infine ed è l'elemento principale:

> «occorre che il testo obblighi il lettore [...] ad esitare tra una spiegazione naturale e una spiegazione sovrannaturale degli avvenimenti evocati.» (*T*, 34)

In genere questa esitazione è tematizzata nel testo, nel senso che generalmente è provata anche da un personaggio con cui il lettore (reale) tende ad identificarsi (che a volte può essere il narratore, altre volte il protagonista, altre volte ancora un altro dei personaggi principali). Ma questa non è condizione irrinunciabile; quel che è essenziale è che ci sia esitazione da parte del lettore (implicito), cioè dal lettore previsto dal patto narrativo. Inoltre il testo, rispetto all'avvenimento sovrannaturale narrato, non deve presentare altri «sensi» possibili oltre a quello letterale. In altre parole non deve essere possibile per il lettore né un'interpretazione poetica,[2] né una allegorica del testo. Rispetto a quest'ultima Todorov distingue tra l'allegoria esplicita, che richiede l'esistenza di due livelli di senso nel testo voluti dall'autore, e l'interpretazione da parte del lettore (reale) che ovviamente ha sempre il diritto di leggere il testo in un'altra maniera, scoprendovi altri sensi o sensi diversi da quello indicato dall'autore (*T*, 60 sgg.).

---

[1] Si cita dall'ed. it. Todorov (1977), p. 26. D'ora in avanti nel testo con la sigla *T* seguita dall'indicazione della pagina.

[2] Tra parentesi è necessario precisare che questa affermazione di Todorov è valida solo se per «poesia» si considera, come si fa tradizionalmente, il genere lirico ad elevato tasso di figuralità e con una forte carica di autoreferenzialità. Esistono tuttavia anche forme di poesia meno «canoniche» e con un certo grado di referenzialità – la poesia narrativa per esempio – che rendono possibile esiti poetici fantastici. Un esempio potrebbe essere rappresentato dal poemetto di Arrigo Boito, *Re orso* (1865).

Tuttavia Todorov ammette che esiste anche nel fantastico la possibilità di un'allegoria, anche se «indebolita». Essa è possibile quando il lettore «giunge fino al punto di *esitare* tra interpretazione allegorica e letterale» (*T*, 71). Per illustrare questa «allegoria esitante», come la chiama, Todorov usa l'esempio de *Il naso* di Nikolaj V. Gogol di cui descrive gli effetti sul lettore con espressioni quali «impressione di gratuità», «assurdo», «non-senso». Secondo Todorov, ambedue i tipi di allegoria mettono però in discussione l'esistenza del fantastico. Il che, come vedremo, avrà notevoli conseguenze quando Todorov affronterà la questione del fantastico novecentesco che, come ci insegna Franz Kafka, è costruito in gran parte sugli stessi procedimenti e attiva le stesse risposte nel lettore de *Il naso* di Gogol.

Ma ritorniamo alla nozione di esitazione di Todorov. Nel momento in cui questa esitazione nel testo cessa, o perché i fenomeni e gli avvenimenti inspiegabili trovano una spiegazione naturale (sogno, allucinazione, coincidenze, effetti di droghe, ecc.) o perché il lettore (e il personaggio) sono costretti ad accettare una spiegazione non razionale degli eventi (come per esempio nella fiaba), usciamo dal fantastico. Todorov è ben conscio che una tale definizione rende il fantastico un genere estremamente precario. Esistono naturalmente opere che mantengono l'esitazione fino in fondo, ma lui stesso ammette che sono pochissime. Il fantastico si ridurrebbe così ad un genere virtuale, un genere presente solo in brani di opere (*T*, 44).

Per questo Todorov ammette che non si può escludere da un esame del fantastico i due generi affini del «meraviglioso» (*merveilleux*) e dello «strano» (*étrange*); il che gli permette di introdurre i due sottogeneri ibridi del «fantastico-meraviglioso» e del «fantastico-strano», creando così uno schema a cinque categorie, dove i quattro sottogeneri si definiscono in base all'assenza o presenza dei due elementi costitutivi del fantastico: il fenomeno sovrannaturale e l'effetto di esitazione, inquietudine o incertezza del personaggio-lettore:

fantastico puro

strano puro	fantastico-strano	fantastico-meraviglioso	meraviglioso puro
strano puro avvenimenti non sovrannaturali, ma incredibili, straordinari, inquietanti. Realizza solo una condizione del fantastico, la descrizione dell'effetto di paura, mentre manca l'elemento sovrannaturale.		*meraviglioso puro* personaggi e lettori si muovono senza esitazione all'interno di un mondo di fiaba pieno di elementi sovrannaturali accettati come tali.	
fantastico-strano: avvenimenti che sembrano sovrannaturali vengono alla fine spiegati razionalmente (allucinazione, droghe, coincidenze, sogno, follia, ecc.).		*fantastico-meraviglioso:* sottogenere più vicino al fantastico puro perché, terminando alla fine con l'accettazione degli avvenimenti sovrannaturali, l'elemento fantastico rimane non spiegato, non razionalizzato.	

Pur con qualche squilibrio logico e concettuale,[1] lo schema a tre termini di Todorov rappresenta uno strumento ermeneutico più funzionale rispetto alle classificazioni dei predecessori.[2] Esso permette infatti di accogliere le opposizioni binarie già identificate da alcuni di questi e risolverle dialetticamente nei sottogeneri intermedi.

Todorov riduce, coerentemente con una concezione strutturalista della letteratura come sistema autonomo di significazione, i vari livelli del discorso fantastico al solo discorso letterario. In questo modo le

---

[1] Cfr. quanto viene detto più avanti alla nota 32.
[2] Ceserani (1996), p. 58. Nel suo scritto del 1983 (p. 13), Remo Ceserani giudicava però molto più severamente l'astrattezza «quasi hegeliana» dello schema triadico di Todorov. Credo che questa inversione di giudizio sia dovuta all'insofferenza dello studioso per le mode culturali di stampo irrazionalistico e spiritualistico predominanti oggi nel campo degli studi sul fantastico. A confronto con queste tendenze è certo meglio tenersi stretto lo strutturalismo di Todorov.

categorie psicologiche usate dai suoi precursori (come inquietudine, incertezza, paura ecc.) sono trasformate in una categoria letteraria: l'esitazione. «Retoricizzando» categorie che appartengono ad altri discorsi, Todorov giunge ad una definizione del fantastico che si basa esclusivamente su principi rigorosamente letterari. Al centro del fantastico sta l'ambiguità del testo che sta alla base dell'esperienza di incertezza o esitazione, iscritta nel testo, del personaggio, oppure, prevista dal testo, del lettore. E' importante sottolineare che è la «funzione» lettore prevista dal testo (cioè il lettore implicito) che deve esitare. E' la narrazione stessa quindi a configurarsi come «esitante». A creare quest'effetto di esitazione contribuiscono anche le altre modalità con cui è organizzato il discorso fantastico (sia sul piano dell'enunciato che dell'enunciazione), e quindi tutta la semantica del testo fantastico (*T*, 77 sgg.). Si tratta del montaggio e dell'interazione di procedimenti narrativi e artifici formali (di per sé non esclusivi del fantastico) quali la precarietà della voce narrante (generalmente in prima persona), la disposizione metanarrativa (l'autore che interviene a commentare la veridicità della narrazione, gli «a parte» al lettore, la mescolanza di registri stilistici e generi letterari [1]), l'ellissi e il non finito, la dialettica inconciliata dei punti di vista (spesso tematizzata in due personaggi emblematici, l'uno «spiritista» e l'altro «materialista» oppure dalla presenza di un oggetto «mediatore» [2]), l'uso particolare del discorso figurato (Todorov parla di «presa alla lettera di una metafora»; *T*, 81), l'accentuata temporalità (la «irreversibilità della lettura», *T*, 92) del racconto fantastico per cui alla seconda lettura non è più possibile nessuna identificazione del lettore; più una serie di nuclei tematici (la metamorfosi, il doppio, le moltiplicazioni e scissioni delle personalità, il vampiro, il morto vivente, l'alieno e il mostruoso, la follia, ecc.) su cui ritornerò più avanti.

In questo modo Todorov opera, con ammirabile chiarezza, una poderosa sistematizzazione dei contributi eterogenei dei precursori e ci consegna quello che è a tutt'oggi il miglior saggio teorico sul fantastico.

---

[1] Due esempi classici: *Frankenstein* (1817) di Mary Shelley e *Dracula* (1897) di Bram Stoker che accostano la forma epistolare, il diario, le annotazioni di viaggio alla narrazione in presa diretta.
[2] Cioè di un oggetto che con la sua presenza alla fine del racconto smentisce la spiegazione razionale (sogno, allucinazione, ecc.) degli eventi accaduti.

E' vero che il corpus dei testi su cui si fonda la sua teoria è limitato (e alcune inclusioni, ma soprattutto esclusioni – come quella di Edgard Allan Poe – sono discutibili), ma questo non ha molta importanza quando le categorie così ricavate siano generalizzabili. Naturalmente si può rimproverarlo di avere a volte sacrificato e appiattito la ricchezza semantica e l'originalità delle singole opere prese in esame sull'altare di una funzionalità normativa, ma questo è un pericolo a cui sembra difficile non esporsi quando ci si ponga nell'ottica di determinare le caratteristiche di un genere letterario.

Semmai lo si può criticare di non aver trattato «la problematica socioculturale dei generi come modi della comunicazione letteraria»[1], cioè il recupero del genere a livello di letteratura di consumo (il che gli impedirà di affrontare correttamente, come vedremo, la questione del fantastico novecentesco). L'analisi di Todorov, coerentemente con i suoi presupposti teorici strutturalistici (di allora), si configura infatti come analisi di laboratorio, operazione descrittiva più che interpretativa.

Ma forse la conseguenza più importante della sistematizzazione di Todorov si è avuta sul piano terminologico. Dirottando su una nuova categoria terminologica, il «meraviglioso» (già per altro identificata dai suoi precursori francesi), una serie di connotazioni (favoloso, fiabesco, prodigioso, ecc.) che prima del suo intervento erano ancora collegate al termine «fantastico», Todorov ne restringe notevolmente il valore semantico.[2] L'aggettivo «fantastico» viene quindi sostanzialmente a coincidere con quello che Sigmund Freud chiama *das Unheimliche*, facendo così del fantastico un genere letterario imparentato con la psicopatologia.

Non c'è dubbio che Todorov, per la sua nozione di esitazione, oltre che ai precursori letterari, debba molto anche al famoso saggio di Freud sul «perturbante» (*Das Unheimliche*, 1919). In questo saggio Freud, appoggiandosi a sua volta in larga misura su un lavoro precedente dello psicologo tedesco Ernst Jentsch,[3] fa del fantastico una categoria psicologica. Sulla base di un'analisi della novella di E. T. A.

---

[1] Corti (1976), p. 156 n. 12.
[2] Robert Scholes (1987, p.4) nota come Todorov «has taken possession of the word fantasy to appoint what we all will rather name the uncanny». Il che ha provocato notevoli problemi terminologici soprattutto in area anglosassone, come vedremo più avanti.
[3] E. Jentsch *Zur Psychologie des Unheimliche*, 1906; trad. it. *Sulla psicologia dell'»unheimliche»* in Ceserani (1983), pp. 399-410.

Hoffmann *Der Sandmann* (una delle sue analisi di testi letterari più riuscite), Freud identifica nel perturbante «un genere di spavento che si riferisce a cose da lungo tempo conosciute e familiari», cioè a «qualcosa di rimosso che si ripresenta»; e giunge alla conclusione che ciò che caratterizza il perturbante è l'effetto di «incertezza intellettuale» che suscita nel lettore:

> «il narratore inizialmente desta in noi una sorta di incertezza impedendoci in un primo tempo, e certamente non senza intenzione, di indovinare se ci introdurrà nel mondo reale o in un mondo fantastico di sua invenzione.» [1]

L'effetto perturbante si produce nel lettore per il ritorno di credenze infantili legate al pensiero primitivo (animismo, magia e gli altri fenomeni indagati da Freud in *Totem und Tabu*) e superate poi dal maturare della razionalità. Il prefisso negativo di *Unheimlich* sottolinea la dialettica stessa di rimozione/rimosso: ciò che era famigliare un tempo, diventa ora sinistro e inquietante.

L'influenza freudiana è sensibile anche quando Todorov affronta la problematica dei temi del fantastico. Anche qui l'importanza del suo contributo non sta tanto in nuove e originali osservazioni, quanto soprattutto nell'opera rigorosa di (ri)sistematizzazione delle vaste e incoerenti classificazioni tematiche proposte dai precursori. Egli raggruppa i temi fantastici in due grandi categorie che chiama «temi dell'io» e «temi del tu».

I «temi dell'io» riguardano essenzialmente la strutturazione del rapporto uomo-mondo (in termini freudiani il sistema percezione-coscienza). Hanno a che fare cioè con il modo in cui il soggetto «guarda» il mondo (Todorov li chiama anche «temi dello sguardo»). Sotto questa categoria egli raggruppa temi come la metamorfosi, il doppio, le moltiplicazioni e scissioni delle personalità. Il principio

---

[1] Freud (1977), p. 91. Il termine tedesco *unheimlich*, che Freud stesso definisce come intraducibile in altre lingue, è l'opposto di *heimlich*, che in origine significava 'appartenente alla casa' (*heim*), 'famigliare', 'intimo', ma che poi ha preso il significato di 'ciò che è taciuto agli altri', di 'occultato', di 'segreto'. *Unheimlich* è quindi collegabile semanticamente sia con il non-famigliare e l'alieno che con lo scoprire ciò che è tenuto nascosto. In italiano, oltre al non troppo felice «perturbante» (ma ormai entrato nell'uso), sono stati proposti termini come «inquietante» e «sinistro». Discute l'aspetto terminologico Ceserani (1996), p. 42 n. 3.

generatore di questi temi sta nella messa in discussione del confine tra materia (cioè ciò che è soggetto alle leggi della temporalità e spazialità) e spirito (ciò che sfugge a queste leggi) che provoca ciò che Todorov chiama «pandeterminismo» (niente accade per caso [1]) e «pansignificazione» (tutto ha un significato); cioè una percezione del mondo dove sono cancellati i confini tra soggetto e oggetto, tra fisico e mentale, tra tempo e spazio. L'eroe fantastico non sa più distinguere le idee dalle percezioni, le parole dalle cose, il sé dal mondo: mente e corpo si fondono insieme.

I «temi del tu» riguardano invece i rapporti tra il sé e l'altro e quindi il rapporto tra l'uomo e i suoi desideri, soprattutto quelli inconsci. Sono chiamati da Todorov anche «temi del discorso» perché è soprattutto attraverso il linguaggio che tali rapporti si definiscono. Al centro di questo gruppo di temi vi è la sessualità nelle sue forme estreme. Il desiderio sessuale si articola in una serie di temi che vanno dal desiderio frenetico, provocato spesso da un essere diabolico, all'incesto; dall'omosessualità all'amore di gruppo; dal sadismo alla crudeltà; dalla necrofilia alla morte. Esso si incarna in figure come il vampiro e il morto vivente (*T*, 128 sgg.).

Giunto a questo punto Todorov compie un colpo di scena che ha fatto molto discutere. Egli infatti, nelle ultime pagine del suo saggio, afferma risolutamente che il fantastico – a differenza del meraviglioso che continua tuttora ad essere praticato – è un genere ormai morto e sepolto:

> «il fantastico ha avuto una vita relativamente breve. E' apparso in maniera sistematica verso la fine del XVIII secolo, con Cazotte; un secolo dopo troviamo nelle novelle di Maupassant gli ultimi esempi esteticamente soddisfacenti del genere.» (*T*, 169)

La morte del fantastico è dovuta, secondo Todorov, a due fattori: l'avvento della psicanalisi e i cambiamenti avvenuti nel sistema letteratura nel passaggio tra Otto e Novecento.

Come abbiamo visto, Todorov, riprendendo Freud, collega strettamente l'esitazione fantastica a *das Unheimliche* e quindi all'insorgere del fantasmatico inconscio a livello della coscienza attraverso il ritorno

---

[1] «Tutto, ivi compreso l'incontro di diverse serie causali (o «caso»), deve avere la sua causa, nel senso pieno della parola, anche se questa non può essere che di ordine sovrannaturale» (*T*, 113).

del rimosso. Questo gli permette di attribuire al fantastico la funzione di una trasgressione di tabù sociali. Attraverso il ricorso al linguaggio fantastico lo scrittore ottocentesco può rappresentare perversioni e peccati (l'incesto, l'omosessualità, la necrofilia, ecc.) che i tabù sociali del suo tempo impediscono di affrontare direttamente. L'introduzione di elementi sovrannaturali (in una società secolarizzata che non crede più a tali fenomeni) è un espediente per aggirare tali tabù. Detto in altre parole il fantastico permette allo scrittore ottocentesco di trasgredire tabù e censure sociali legati alla sessualità, ai desideri e all'inconscio.

Il fantastico diventa così una specie di «valvola di sfogo» sociale. Questa «funzione sociale» del fantastico è però, secondo Todorov, venuta meno con l'avvento della psicanalisi. Dando legittimità al carattere di realtà del linguaggio dei desideri e dei sogni, la psicanalisi freudiana ha soppresso la censura sociale e reso possibile la rappresentazione diretta di quei temi e ossessioni che i tabù sociali del secolo scorso impedivano di affrontare se non in maniera nascosta. Scomparsi i tabù, è scomparso anche il fantastico (*T*, 162 sgg.).[1]

Inoltre nel passaggio tra Otto e Novecento sono avvenuti profondi cambiamenti nel sistema letterario. Nell'Ottocento esiste ancora un'opposizione ontologica tra reale e immaginario. La letteratura quindi viene ancora considerata una descrizione della realtà; ed è appunto l'esistenza di un'opposizione tra reale e non-reale che il fantastico mette in discussione. Nel Novecento invece:

> «non possiamo più credere a una realtà immutabile, esterna, né a una letteratura che sarebbe soltanto la

---

[1] Si potrebbe mettere in discussione la validità teorica dell'affermazione che il ritorno del rimosso sia sufficiente da solo ad aggregare un genere letterario. Todorov sembra stabilire qui rapporti meccanici troppo facili di «rispecchiamento» tra settori o «serie» diverse della vita sociale e dell'esperienza umana. Qualcosa di simile fa Umberto Eco quando afferma che gli orrori e i pericoli a cui vanno incontro le eroine del *gothic novel* sono «una reazione fantastica all'orrenda visione di schiere di filatoi meccanici», collegando così schematicamente letteratura gotica e rivoluzione industriale. Eco (1976), p. 105. Le omologie tra immaginario e società, che ci sono, sono più complesse; cfr. Ceserani (1996), pp. 99 sgg. Ma anche accettando il punto di vista di Todorov, è stato notato da più parti che la sua operazione sembra essere analoga a quella secondo cui basta conoscere le teorie freudiane per guarire dalla nevrosi. Come le conoscenze psicanalitiche non fanno scomparire l'inconscio né i suoi prodotti nevrotico-psicotici, così non eliminano le condizioni di nascita del fantastico, ma ne modificano solamente temi e strutture.

> trascrizione di questa realtà. Le parole hanno conquistato un'autonomia che le cose hanno perduto.» (*T*, 171)

Questo rende impossibile la presenza dell'esitazione nel testo. Al contrario, nei testi novecenteschi viene utilizzato il procedimento inverso, «l'adattamento», come in *Die Verwandlung* di Kafka (e come già avveniva ne *Il naso* di Gogol). Si parte cioè «dall'avvenimento sovrannaturale per dargli, nel corso del racconto, un'aria sempre più normale» (*T*, 174). Il fantastico è diventato assurdo. L'autonomia della letteratura, sopprimendo la possibilità di qualsiasi confronto con il paradigma di realtà extratestuale, ha ridotto il fantastico a puro meraviglioso (a meraviglioso accettato, secondo la terminologia di Todorov).

In questo modo Todorov attua un capovolgimento analogo a quello compiuto, se mi è permesso il paragone da medievalista, da Andrea Cappellano nel suo trattato, dove per pagine e pagine e in ogni particolare viene descritta appassionatamente la fenomenologia dell'amore per poi alla fine affermare che l'amore è peccaminoso e da condannare. La condanna di Todorov non è altrettanto esplicita, ma egli, applicando con coerenza quasi disumana i suoi presupposti strutturalistici, certo congela il fantastico nudo e crudo alle soglie del Novecento.

Tutta la brillante costruzione concettuale del teorico bulgaro, con la sua chiarezza e coerenza espositiva, viene quindi alla fine a caratterizzarsi, un po' sorprendentemente, come un'operazione retrospettiva: una legittimazione del fantastico gotico-romantico e decadente. Il saggio di Todorov si tramuta così in un'opera di archeologia letteraria, una definizione di confini di un genere morto.

Ritorneremo su questa questione della morte del fantastico nel Novecento più avanti.

3. Dopo Todorov

Il saggio di Todorov rimane tuttavia l'opera teorica più importante che sia stata scritta sul fantastico, vero libro di testo sull'argomento; cosa che del resto gli riconoscono anche i suoi più acerrimi avversari e critici.[1] Esso rappresenta un punto di partenza imprescindibile per chi si voglia accostare al fantastico, tanto che è ormai entrato nell'uso parlare di una fase pre-Todorov e di una fase post-Todorov degli studi sul fantastico.

Non è qui possibile ripercorrere dettagliatamente ed esaurientemente tutte le tappe del discorso critico e teorico sul fantastico di questi ultimi trent'anni; cosa del resto semplicemente impossibile vista l'enorme quantità di contributi (considerando solo quelli cartacei e non quelli elettronici) che ogni anno appaiono in tutto il mondo sul fantastico e generi affini. Mi limiterò perciò qui semplicemente a schizzare le linee principali imboccate dalla teoria del fantastico post-Todorov. Che sono grosso modo tre.

C'è chi si muove sulla scia di Todorov e allarga la sua ricerca, o in senso teorico, proponendo correzioni e/o ampliamenti alla sua tipologia (con grande abbondanza di schemi, divisioni e suddivisioni a volte molto meno chiare di quelle di Todorov[2] e che spesso hanno il difetto di fare acqua da tutte le parti una volta applicati ai testi); oppure in senso storico-testuale, dando per scontate certe sue acquisizioni.[3]

---

[1] Che spesso nei loro attacchi non usano mezze parole. Vedi per esempio Guido Almansi che nella sua postfazione all'edizione italiana del libro di Caillois (*Al cuore del fantastico* Milano 1984, p. 109-10) attacca ferocemente Todorov chiamando «un esempio eccentrico di critica sadiana» l'impegno modellizzante del critico bulgaro, paragonato a una «brava massaia» patita dell'ordine. Anche lo scrittore polacco Stanislaw Lem (1984) attacca duramente il metodo di Todorov.

[2] E' il caso per esempio di Neil Cornwell (1990), p. 38-9 che propone «a return to Todorov's linear model [...], but with further extensions, a possible division and at least one sub-division.» Vedi anche la tipologia semiotica proposta da Rosalba Campra (1981).

[3] E' il caso di Remo Ceserani (1996), pp. 133 sgg. che definisce fantastica solo la letteratura del sovrannaturale romantico-decadente (tra la *gothic story* e l'estetismo *fin de siecle*) e si dedica nel suo saggio principalmente all'indagine delle radici storiche del fantastico. Per il Novecento Ceserani preferisce parlare, riprendendo una distinzione dell' ispanista americano Jaime Alazraki, o di «neofantastico», o di fantastico «postmoderno» rivisitato e rievocato consapevolmente in maniera nostalgica e ironica. I due esiti sono esemplificati attraverso l'analisi di due racconti rispettivamente di Julio Cortázar e Antonio Tabucchi.

C'è chi invece rifiuta la schematizzazione di Todorov e ripropone una tipologia basata su una più ampia contrapposizione tra fantastico e realistico; di per sé sensata (come vedremo più avanti) se non producesse troppo spesso mappature così vaste, onnicomprensive e generiche di «letteratura fantastica» (dall'antichità ad oggi) da perdere qualsiasi valore ermeneutico.

Vedi per esempio Silvia Albertazzi che, pur riconoscendo a Todorov il merito di aver dato inizio all'interesse teorico per il fantastico, lo accusa di «furia nomenclatoria» e ritiene che la sua teoria abbia in definitiva «nuociuto alla comprensione di un fenomeno come quello della letteratura fantastica, fondata sull'idea di un mistero che non deve mai essere completamente svelato».[1] Da dove si deduce che l'Albertazzi si tiene assai vicina alla concezione «misterica» del fantastico di Roger Caillois, centrata sull'idea che esso sfugga ad ogni definizione.

Meno frequenti – ma più interessanti – sono infine i tentativi di seguire una «terza via», che partendo da una discussione e da un'analisi precisa degli schemi di Todorov, giunga a risultati innovativi. Qui di seguito discuterò alcuni dei contributi che mi sembrano più interessanti.

Utili integrazioni vengono dalla studiosa francese Iréne Bessière che ha parlato per il fantastico di «esperienza dei limiti» (espressione già introdotta da Todorov), intendendo con questa espressione il fatto che il fantastico sia portato per natura a confrontarsi con l'indicibile, con i limiti stessi del discorso. Riprendendo la distinzione sartriana tra tetico (proposizioni – *tesi* – che si suppone siano reali, razionali e sostanziali) e non-tetico (il loro opposto, che per definizione non può avere forma linguistica adeguata perché esiste prima e fuori del linguaggio), la Bessière afferma che il fantastico si situa tra il tetico e il non-tetico; pur non potendo appartenere al non-tetico, tende verso di esso. Esso è intimamente legato al reale, ma nello stesso tempo lo nega.[2] Il fantastico si caratterizza come forma aperta e polisemica; una struttura antinomica che lascia aperte le contraddizioni tra «realistico»

---

[1] Albertazzi (1993), p. 63. Uno degli esempi più deleteri di questa tendenza è il saggio del già citato Voglino (1983). Anche l'Albertazzi opera con una nozione di fantastico così imprecisa e generica da permetterle di accumulare sotto la stessa etichetta autori spazialmente e storicamente così diversi come (tra gli altri) Gianni Rodari e Franz Kafka, Roald Dahl e Edgard A. Poe, Stephen King e Italo Calvino, Salman Rushdie e Mary Shelley (e l'elenco potrebbe continuare).
[2] Bessière (1974), pp. 36 sgg.

e «fantastico», tra «razionale» e «non razionale» e che sul piano dei procedimenti linguistico-retorici si esprime attraverso l'ossimoro, la figura retorica che congiunge separando e separa congiungendo, che salda in un'unità impossibile le contraddizioni.

> «Il échappe à Todorov que le surnaturel introduit dans le récit fantastique un second ordre possible, mais aussi inadéquat que le naturel. Le fantastique ne résulte pas de l'hésitation entre ces deux ordres, mais de leur contradiction et de leur récusation mutuelle et implicite.»[1]

E tuttavia questa «esperienza dei limiti» di cui parla la Bessière, se non venisse a integrarsi con la nozione di esitazione e con le modalità dell'enunciazione fantastica descritte da Todorov, rischierebbe a mio avviso di essere nozione troppo vasta (perfettamente applicabile per fare un esempio anche al linguaggio dell'esperienza mistica) e quindi di perdere valore ermeneutico e distintivo.

Neanche la Bessière, come tanti altri prima e dopo di lei, si sottrae a discutere appassionatamente la natura della categoria di fantastico proposta da Todorov. A suo avviso definire il fantastico in base agli oggetti o esseri esistenti oppure come categoria o genere letterario è cucirgli addosso un abito troppo stretto; esso va invece considerato come un «modo» di descrivere certi atteggiamenti mentali, come una logica narrativa più vasta che sotto il gioco dell'invenzione pura si presenta come «controforma» (nel senso in cui questo concetto viene usato da André Jolles,[2] alla cui teorie delle «forme semplici» la Bessière si ispira), come rovescio del discorso razionalista:

> «Or il semble plus pertinent de lier le fantastique à une enquête, conduite d'un point de vue rationaliste, sur les formes de la rationalité.»[3]

Nella stessa direzione si muoveva anche uno scrittore «fantastico» come Italo Calvino che, già in un suo intervento di commento al saggio di Todorov pubblicato su «Le Monde» nell'agosto 1970 (dopo aver riconosciuto che il lavoro dello studioso bulgaro «è molto preciso su un'importante accezione del fantastico»), rimproverava a Todorov

---

[1] Ibid., pp. 56-57.
[2] Jolles (1930).
[3] Ibid., p. 59.

di aver ristretto la valenza semantica del termine fantastico a coprire solo quelle che lui chiama le «storie di spavento» e affermava che a suo avviso si può parlare indifferentemente del:

> «fantastico del Ventesimo secolo oppure del fantastico del Rinascimento. Per i lettori d'Ariosto non si è mai posto il problema di *credere* e *spiegare*; per loro come oggi [...] il piacere del fantastico si trova nello sviluppo di una logica le cui regole, i cui punti di partenza e le cui soluzioni riservano delle sorprese.» [1]

Le osservazione di Calvino e della Bessière possono fornirci utili strumenti per definire in maniera più precisa le categorie dello schema di Todorov. In particolare la categoria di «modo» letterario mi sembra contenere importanti valenze ermeneutiche perché permette (insieme ad altri correttivi, vedi più avanti) di superare l'impasse introdotta da Todorov con la sua spietata riduzione del fantastico al solo fantastico romantico e la sua recisa affermazione della sua morte a fine Ottocento, evitando però, allo stesso tempo, di cadere nella trappola di operare con categorie così vaste, generiche e imprecise come quelle usate per esempio da Silvia Albertazzi o da Alex Voglino.

Con questa categoria, introdotta nell'ambito della teoria letteraria da studiosi americani come Northrop Frye, Robert Scholes e Frederic Jameson,[2] si definisce una particolare qualità letteraria o logica narrativa a carattere performativo che può caratterizzare opere appartenenti a diversi generi, periodi e codici linguistici o letterari. Essa ha il duplice vantaggio di essere una categoria sempre a carattere strettamente formale, ma più vasta, geograficamente e storicamente, di quella di genere, e di acquistare anche un carattere storico.

---

[1] Calvino (1980), pp. 215-16. Calvino aggiunge che «se si vorrà disegnare un atlante esaustivo della letteratura d'immaginazione bisognerà partire da una grammatica di quello che Todorov chiama il *meraviglioso*». La concezione del fantastico di Calvino (che meriterebbe molto più spazio di quanto sia possibile dedicargli in questa nota), a differenza di Todorov, ha come punto di partenza il fiabesco e il meraviglioso e si muove nella direzione di definire in che cosa consista la diversità di logiche narrative del fantastico (inteso più genericamente come «letteratura d'immaginazione») rispetto al mimetico-realistico e quindi una concezione che si muove in senso antropologico in una direzione simile a quella della Hume. Vedi anche Calvino (1983) e (1985). Per una discussione del fantastico in Calvino si rimanda alla bibliografia della critica in Calvino (1991-95).

[2] Frye (1957), Scholes (1969), Jameson (1975).

La categoria di modo letterario permette così di spiegare meglio i rapporti diacronici e tipologici tra le tre categorie principali dello schema todoroviano e tra queste e il realistico. Pur non parlando mai di modo, la definizione del meraviglioso di Todorov sembra implicitamente rimandare a questa nozione, mentre quelle di fantastico e di strano sembrano essere inscrivibili invece entro le coordinate della nozione di genere.[1]

Il meraviglioso e il realistico sono i modi più antichi, esistenti da quando l'uomo ha cominciato a raccontare.[2] Essi sono modi antitetici e reciprocamente esclusivi, ma hanno anche quasi sempre convissuto insieme in una relazione gerarchica: il realistico come natura inferiore in un paradigma di realtà che prevedeva una «sovranatura» riservata agli dei e ai diavoli. Mentre lo «strano» e il «fantastico» sono categorie più moderne che appaiono solo con l'affermarsi di una nuova concezione della realtà che relega la «sovranatura» nel mondo della superstizione.

In questo modo è possibile instaurare una separazione netta, che è tipologica ma anche storica, tra il fiabesco (meraviglioso), che è un modo vecchio come il mondo e che continua ancor oggi a produrre testi, e il fantastico e lo strano che invece sono modi che nascono con la modernità.[3] Il fantastico infatti può essere considerato una reazione

---

[1] Vari studiosi hanno notato come le categorie dello schema di Todorov presentino alcuni squilibri logici. Per Lugnani (1983) pp. 41 sgg. per esempio, le due categorie del meraviglioso e dello strano sono «non simmetriche e non omogenee» sia in senso storico (lo strano è genere recente, mentre il meraviglioso è «costruito da un patrimonio millenario») sia in senso concettuale (semanticamente lo strano avrebbe senso in opposizione a un inesistente genere «normale»; da parte sua il meraviglioso è presente in molti generi letterari assai diversi tra loro).

[2] Cfr. Hume (1984). La Hume si dibatte in notevoli problemi terminologici in quanto utilizza «*fantastic*» come semplice forma aggettivale di «*fantasy*» col significato di «non reale», «immaginario», «inventato» e non secondo il significato dato da Todorov a «*fantastique*» e passato poi anche all'aggettivo inglese (il saggio di Todorov è stato tradotto in inglese con il titolo *The Fantastic: A structural Approach to a Literary Genre*). Così al momento di trattare il fantastico todoroviano introduce il termine ibrido inglese-francese «the *fantastique*» (cfr. una frase come: «The effect of fantasy in horror stories, ghost stories and the fantastique [...] depends heavily on the reader's outlook», p. 78). Questo «*fantastique*» è classificato (insieme alle «*detective stories*») come «*suspence*») ed è un sottogenere di una più vasta classe della «*fantasy*» che la Hume chiama «*escapism, the literature of illusion*» che utilizza: «forms of escape that in one way or another raise and maintain tension» (pp. 73-4), riducendo così drasticamente il valore conoscitivo e trasgressivo delle *ghost stories*.

[3] La differenza tra fantastico e strano quindi non è storica, ma solo tipologica. Da qui deriva spesso una certa confusione negli studiosi su come considerare fantas-

all'affermarsi del razionalismo illuminista e di una visione scientifica del mondo, ma è anche paradossalmente impensabile senza quello stesso atteggiamento di dubbio sistematico con cui l'Illuminismo guarda alla religione. Solo nel momento in cui non è più «rispettabile» credere negli spiriti e nei fantasmi, essi possono venir utilizzati in ambito letterario per esplorare nuovi e inquietanti campi dell'esperienza umana, le forze oscure degli istinti e dei desideri sessuali tabù.

Questo spiega perché il fantastico e lo strano abbiano un estremo bisogno di realistico per nascere ed esistere (fatto questo sottolineato più o meno da tutti i teorici). Solo in una narrazione che mette in scena il paradigma di realtà con le sue ambientazioni più quotidiane e normali è possibile l'intrusione dell'inquietante, dell'irrazionale e dell'assurdo che genera confusione, smarrimento, angoscia. Come vedremo, lo scrittore fantastico deve sempre costruire come termine di confronto un «*setting*» realistico, riconoscibile come tale dal lettore, prima di introdurre la narrazione dell'evento fantastico. Dove non ci sia soggetto realistico – almeno implicato o richiamato per via indiretta – non è possibile nemmeno la sua contraddizione: il fantastico.

Sulla base di queste e altre osservazioni lo studioso pisano Lucio Lugnani propone un ampliamento dello schema triadico di Todorov con l'aggiunta dei due modi narrativi del realistico e del surrealistico;[1] ma soprattutto fa acute osservazioni sui limiti dello spiegabile e dell'inesplicabile connesso ai procedimenti enunciativi del fantastico. Secondo Lugnani da un punto di vista epistemologico, i lettori (reali) della narrazione fantastica non possono veramente esitare di fronte all'evento sovrannaturale. Che un lettore conosca solo le leggi di natura, non vuol dire infatti che non conosca il sovrannaturale. Esso, con i suoi diavoli, spiriti, mostri, angeli, ecc. fa parte del nostro

---

tico e strano. Conviene ribadire che nel fantastico, per usare le parole di Lucio Lugnani, lo scarto dal paradigma di realtà è irriducibile a ogni spiegazione logica, mentre nello strano è solo apparente oppure riducibile e spiegabile in termini razionali.

[1] Per «surrealistico» Lugnani intende il regno della «surrealtà», la realtà profonda che il paradigma di realtà rimuove, censura e sublima. Si tratta dello stesso campo del sogno, dell'allucinazione, dell'ipnosi, dell'alienazione e dell'ebrezza che il Surrealismo storico giudicherà il più adatto a consentire la scrittura automatica dell'inconscio. Il surrealistico è una modalità letteraria moderna (si sviluppa dall'interesse ottocentesco per fenomeni come lo spiritismo, il magnetismo, l'ipnosi) e si differenzia dal meraviglioso in quanto non rimanda a qualcosa di gerarchicamente superiore al paradigma di realtà, ma ad una realtà naturale che giace sotto e le cui pulsioni vengono censurate e rimosse dal paradigma di realtà. Cfr. Lugnani (1983), pp. 57 sgg.

immaginario che è a sua volta parte integrante dell'enciclopedia che presiede al nostro paradigma di realtà. Per Lugnani non si può veramente esitare di fronte a qualcosa che si conosce. Che la narrazione scelga, a livello testuale, la soluzione razionale (fantastico-strano), o quella irrazionale (fantastico-meraviglioso) è, dal punto di vista epistemologico del lettore, del tutto indifferente.[1]

L'esitazione del testo fantastico, qualunque sia l'esito finale della narrazione, produce sempre nel lettore quello che Lugnani chiama «scacco» o «blocco» conoscitivo. Del resto come nota lo stesso Todorov (*T*, 51) la soluzione razionale con cui si concludono molti dei racconti fantastici ottocenteschi è altamente inverosimile, mentre la soluzione sovrannaturale, che alla fine del racconto viene improvvisamente scartata, sarebbe stata assai più verosimile con l'andamento del racconto.[2]

Definire un testo «fantastico-meraviglioso» o «fantastico-strano» è quindi per Lugnani opera puramente classificatoria, che non tocca la sensazione di inquietudine, di dubbio, di straniamento, di non adeguatezza della soluzione prospettata che continua a persistere nel lettore oltre la conclusione del racconto. Ciò che viene messo in crisi è la nostra fiducia nei meccanismi di conoscenza e interpretazione del mondo. Qualunque sia la fine del racconto il lettore si sente senza garanzie e coordinate di riferimento.

E tuttavia a me sembra che questa puntualizzazione di Lugnani non metta seriamente in crisi la costruzione teorica di Todorov e la sua categoria di esitazione, che continua a mantenere tutta la sua importanza per i meccanismi semantici e la modalità di enunciazione del testo fantastico. Ma anche a livello gnoseologico si può obbiettare che, se è vero che il paradigma di realtà non esclude nel lettore reale una conoscenza «culturale» del sovrannaturale, ciò non vuol dire che ambedue le opzioni siano gnoseologicamente sullo steso piano e rappresentino ipotesi altrettanto valide. La critica di Lugnani al concetto di esitazione può al massimo precisare la definizione di Todorov in questo modo: essere l'esitazione fantastica «il prodotto della resistenza

---

[1] Ibid., pp. 66 sgg.
[2] A partire da *Manoscritto trovato a Saragozza* (1805) di Jan Potocki, la letteratura fantastica ottocentesca è piena di racconti che operano un tale capovolgimento. Ne è perfetto esempio *Inès de Las Sierras* (1837) di Charles Nodier, non a caso tradotto (magistralmente) da Landolfi nel 1951 a puntate per il «Nuovo Corriere» (ora in volume presso Adelphi a cura della figlia Idolina).

ad accettare come sovrannaturale»[1] quanto appare inspiegabile alla luce delle leggi naturali.

Un contributo complesso e articolato è quello offerto dalla studiosa inglese Rosemary Jackson, che parte dal riconoscimento dell'importanza dell'analisi strutturale del fantastico di Todorov e dalla sua superiorità rispetto agli approcci metafisici e psicologici dei precedessori, ma che ritiene che manchi in essa un'attenzione alle implicazioni sociali e politiche del fantastico. Il suo progetto è quindi quello di:

> «extend Todorov's investigation from being one limited to the *poetics* of the fantastic into one aware of the *politics* of its forms.»[2]

Per giungere ad indagare quale sia questa «*politics*» del fantastico, la Jackson utilizza una metodologia che combina in maniera originale psicanalisi (freudiana e lacaniana) e concetti centrali della teoria letteraria di Michail Bachtin. Per la Jackson il fantastico è una forma del linguaggio dell'inconscio, ma è anche una forma di opposizione culturale sovversiva – una «*Literature of Subversion*», come recita il titolo del suo saggio – che tende a minare la stabilità culturale e le convenzioni sociali del periodo in cui si manifesta. Il fantastico – e qui si sente appieno l'influenza di Bachtin teorico del carnevalesco – si caratterizza principalmente per questa funzione trasgressiva, di violazione delle norme. Nel fantastico non viene costruita una vera e propria dimensione sovrannaturale (come nel meraviglioso), ma bensì vengono introdotti mondi «altri» rispetto al reale; mondi distruttivi, nichilistici:

> «Unlike marvellous secondary worlds, which construct alternative realities, the shady worlds of the fantastic construct nothing. They are empty, emptying, dissolving. Their emptiness vitiates a full, rounded, three-dimensional visible world, by tracing in absences,

---

[1] Carlino (1998), p. 14.
[2] Jackson (1981), p. 6. Il titolo del libro della Jackson *Fantasy: the Literature of Subversion* è equivoco. L'oggetto della sua indagine non è la *fantasy* alla Tolkien (con cui anzi polemizza), ma il fantastico inquietante e trasgressivo di cui parla Todorov; e quindi un titolo più pertinente sarebbe stato *The Fantastic: a Literature of Subversion*. Il suo uso del termine *fantastic* non è sempre rigoroso e univoco (un capitolo del libro si intitola per esempio *The Fantastic as a Mode*; altre volte il termine è usato nelle accezioni più diverse).

> shadows without objects. Far from fulfilling desire,
> these spaces perpetuate desire by insisting upon *absen-*
> *ce*, lack, the non-seen, the unseeable.»[1]

Il fantastico è:

> «a literature of desire, which seeks that which is experienced as absence and loss.»[2]

In questo modo il fantastico mina, secondo la Jackson, la stabilità culturale della società che lo esprime ed è un sottile invito alla sovversione perché svela la natura relativa del modo con cui l'uomo reagisce alla morte attraverso l'ideologia, la religione, la politica. E se alla fine gli impulsi espressi dal perturbante devono essere necessariamente repressi e la narrazione fantastica finisce così per riconfermare l'ordine costituito, tuttavia il fantastico, introducendo assenze e vuoti, ha operato una disgregazione delle strutture unitarie di significazione, mettendo in crisi i fondamenti stessi del pensiero.

Riprendendo affermazioni di Freud e Lacan (e della Bessière) la Jackson afferma che il fantastico si muove verso un ideale di «*undifferentation*», cioè anela a uno stadio precedente la separazione del sé dall'altro, del soggetto dall'oggetto, del linguaggio dalla realtà (in termini lacaniani prima della cosiddetta «fase dello specchio»):

> «To get back, on to the far side of the mirror, becomes
> a powerful metaphor for returning to an original unity,
> a 'paradise' lost by the 'fall' into division with the
> construction of a subject.»[3]

Questa aspirazione alla non distinzione tra sé e l'altro è una delle caratteristiche peculiari del fantastico ed è molto simile a quella che Freud identifica come un impulso fondamentale dell'uomo (che egli chiama spinta entropica in *Jenseits des Lustprinzips* e nelle sue ultime opere): l'impulso ad uno stato di inorganicismo, una specie di *Nirvana* dove tutte le tensioni sono ridotte e risolte. Secondo la Jackson il fantastico rifiuta tutto ciò che è differenza, distinzione, omogeneità, e ricerca invece ciò che non può essere detto perché

---

[1] *Ibid.*, p. 45.
[2] *Ibid.*, p. 3.
[3] *Ibid.*, p. 89.

indistinto, indefinito e infinito e così facendo tende ad evadere l'articolazione e la strutturazione linguistica. Esso ricorre al linguaggio per descrivere qualcosa che è oltre il linguaggio. Viene così messa in rilievo la distanza tra segno e significato, che è tematizzata più volte nei racconti fantastici ottocenteschi attraverso la rappresentazione di «cose senza nome» («*it*», «*he*», «*the thing*» innominabili di – per esempio – Edgard Allan Poe e H. P. Lovecraft); oppure di «nomi senza cosa», segni vuoti, significanti senza significato (il «Tekeli-li» di Poe, lo «Odradek» di Kafka, il «Cthulhu» di Lovecraft, la «mancuspia» di Cortázar, la «verania» e il «porrovio» di Landolfi).

Come già aveva visto Todorov e poi la Bessière, anche per la Jackson il fantastico è una letteratura (auto)riflessiva, che presta grande attenzione alle proprie pratiche di sistema linguistico. In questo modo il fantastico mette paradossalmente in rilievo la potenzialità creativa e proiettiva del linguaggio: è la parola stessa attraverso la manipolazione e deformazione linguistica (neologismi, prefissi e suffissi arbitrari, giochi di parole, *non-sense*, ecc.) a costruire mondi nuovi e nuove realtà; oppure, attraverso procedimenti stranianti e decontestualizzanti, ad acquistare nuovi sensi che la rendono inquietante e magica. Il fantastico diventa così:

> «a literature of separation, of discourse without an object, foreshadowing that explicit focus upon problems of literature's signifying activity found in modern anti-realist text.» [1]

Un aspetto, questo ultimo evidenziato dalla studiosa inglese, che l'analisi dei racconti fantastici di Landolfi confermerà in pieno.

Queste alcune delle acquisizioni più interessanti e innovative portate alla teoria del fantastico dai migliori contributi post Todorov senza tuttavia a mio avviso intaccare in maniera sostanziale – giova ribadirlo – la consistenza della tipologia dello studioso bulgaro. A questo punto, prima di affrontare il problema rappresentato dalle affermazioni di Todorov circa la morte del fantastico, conviene forse riassumere brevemente i principali punti della teoria del fantastico su cui si baserà poi, nella seconda parte di questo lavoro, l'analisi dei racconti di Tommaso Landolfi.

---

[1] *Ibid.*, p. 40.

Il fantastico è una modalità letteraria che si fonda principalmente su due elementi: la presenza nella narrazione di figure, entità o avvenimenti inspiegabili secondo le leggi naturali e un effetto di inquietudine e di incertezza (l'*Unheimliche* di Freud) presso il lettore. Queste figure o avvenimenti sovrannaturali e/o inspiegabili devono però in qualche modo e per un certo grado avere anche natura fisica e corporea e materializzarsi e agire in un contesto quotidiano e reale, riconoscibile come tale dal lettore (deve, insomma, attuarsi una specie di osmosi o contatto tra mondo «reale» e mondo «altro»). E così la sensazione di inquietudine non può essere ridotta a semplice effetto psicologico, ma è un procedimento letterario, una strategia testuale dovuta a una narrazione esitante; una narrazione cioè ambigua, che per lunghi tratti di testo non sa scegliere quale spiegazione dare agli eventi narrati, se una razionale o una sovrannaturale, e che, quando alla fine sceglie (se sceglie), ricade o in soluzioni di compromesso (fantastico-strano, fantastico-meraviglioso) o in territori limitrofi (orrore, occulto, gotico, strano, ecc.).

Questa narrazione esitante si attua attraverso la combinazione di una serie di procedimenti narrativi e retorici quali una forte carica affabulatrice (un gusto per raccontare storie in quanto storie), e insieme e di contro, una disposizione metanarrativa (cioè il mettere in rilievo i procedimenti narrativi nel corpo della narrazione); un'attenzione alle potenzialità creative del linguaggio (le parole possono creare una nuova e diversa realtà) e il coinvolgimento del lettore (attraverso meccanismi che creino sorpresa, terrore e inquietudine, ma anche ironia e grottesco). E si attua attraverso un ben assortito prontuario tematico: la metamorfosi e il mostruoso, il morto vivente e il vampiro, il passaggio di soglia e di frontiera, il doppio, la notte, il buio, l'infernale, la follia, ecc.[1]

Più che un genere specifico, il fantastico si può definire un genere «intermittente» e virtuale; oppure, meglio ancora, una modalità narrativa che fondamentalmente si basa su una semantica dell'ambiguità e della contraddizione. Sul piano gnoseologico infatti il fantastico è un tipo di narrazione antinomica, che lascia aperte le contraddizioni tra i due poli del reale e del sovrannaturale, del razionale e dell'irrazionale e così facendo mette in crisi la nostra fiducia nei meccanismi di interpretazione del mondo, senza tuttavia prospettare

---

[1] Una succinta descrizione di questi temi e procedimenti narrativi e retorici in Ceserani (1996), pp. 75 sgg. Sul doppio vedi il bel saggio di Fusillo (1998).

soluzioni alternative (e per questo sul piano retorico gli si addice l'ossimoro). Da qui il carattere tragressivo e antagonistico del fantastico, non solo sul piano sociale e su quello epistemologico, ma anche sul piano letterario. Il fantastico può essere infatti considerato una modalità letteraria «sovversiva» perché per tutto il corso dell'Ottocento si contrappone al paradigma letterario realista, verista e naturalista predominante, caratterizzandosi così come l'altra faccia dell'ottimismo razionalista borghese e smascherando i limiti dello scientismo e positivismo caratteristici di quel secolo.[1] Esso sembra così precorrere, con i suoi procedimenti retorici, formali e tematici, esiti letterari che giungeranno a piena maturazione con la Modernità o addirittura, secondo alcuni, presentare elementi di somiglianza con la poetica postmoderna.[2]

---

[1] Che il fantastico sia l'altra faccia del realistico, lo testimoniano i racconti fantastici di insospettabili scrittori veristi come Luigi Capuana, Salvatore Di Giacomo, Grazia Deledda e Matilde Serao. Su questo argomento si rimanda ai lavori di Farnetti (1988), Desideri (1995) e Roda (1996).
[2] Albertazzi (1993), p. 18.

4. Il fantastico oggi

Resta da parlare più dettagliatamente della condanna a morte del fantastico alle soglie del Novecento sancita a sorpresa dallo studioso bulgaro alla fine del suo saggio. Tutti gli studi posteriori non hanno mancato di prendere posizione, più o meno concordando o dissentendo, su questo vero e proprio colpo di scena finale. Personalmente non ritengo che si possa parlare di morte del fantastico con l'avvento del Novecento, non almeno nel modo perentorio con cui ne parla Todorov. Certo l'argomentazione dello studioso bulgaro sembra avere indubbi punti di forza, ma anche alcune debolezze. Proverò qui di seguito a schizzare le mie obiezioni al teorema todoroviano.

Tanto per cominciare Todorov tace su un dato di fatto oggettivo da cui non si può prescindere, indipendentemente da come lo si voglia poi giudicare; e cioè sul fatto che il fantastico ottocentesco continua ancor oggi (e con grande successo di pubblico) ad essere replicato tale e quale con tanto di «esitazione» e tutto l'armamentario di vampiri e fantasmi in telefilm di seconda o terza categoria e sulle pagine della letteratura di consumo (il reimpiego e l'assimilazione delle forme del mito da parte della letteratura di consumo e dell'industria culturale è un campo – che esula dall'argomento di questo saggio – oggetto oggi di grande attenzione da parte degli studiosi). A livello di industria culturale insomma il patto costitutivo del fantastico continua a funzionare. Nonostante l'avvento della psicanalisi e il nuovo ruolo della letteratura nella Modernità, è ancora possibile quella *suspension of disbelief* di cui parla Samuel T. Coleridge e cioè un'immedesimazione «ingenua» del lettore nel narrato (dato questo se non altro sociologicamente da non sottovalutare).

Ma soprattutto, nonostante che il paradigma di realtà e il sistema letteratura siano radicalmente mutati rispetto all'Ottocento, non vedo che cosa impedisca di utilizzare i procedimenti centrali del fantastico come li teorizza Todorov stesso in forme e modalità di scrittura che non siano più quelle ottocentesche, ma che del fantastico riprendano e sviluppino le proposte e i contributi migliori. Ciò che in particolare mi sembra che il fantastico abbia trasmesso alla letteratura posteriore sia il suo carattere di narrazione esitante e ambigua, quando questa venga intesa non più come soluzione di compromesso o parabola non compiuta all'interno del testo, come la teorizza Todorov, ma come vero e proprio discorso o logica costitutiva del raccontare. Forse è proprio nelle pratiche stranianti e metaletterarie del fantastico ottocentesco, con la loro implicita consapevolezza che la letteratura sia manipolazione e menzogna, che va ricercata l'origine e la fonte d'inspirazione di tanta narrativa moderna e contemporanea. Il fantastico è una modalità letteraria proiettata verso la Modernità.

E' vero che non si può più parlare di sistema di generi nella letteratura del Novecento (ma già l'epoca romantica è un periodo fortemente marcato dalla pratica della mescolanza degli stili). Con il moderno viene a cadere il valore delle definizioni letterarie ottocentesche e i confini tra i generi letterari diventano fluidi:

> «Modern literature is in its way a literature of quest, a literature which first strikes the reader as being in search for its proper form rather than already possessed of that form. This quality gives it the appearance of being transitional [...]»[1]

Le Avanguardie novecentesche hanno operato coscientemente nella direzione della violazione delle convenzioni narrative e poi quest'opera di scardinamento è stata continuata dal postmoderno (intendendo questo termine come una categoria stilistica che descrive fenomeni letterari e artistici che cominciano ad apparire a partire dagli anni Cinquanta), la cui caratteristica principale è proprio quella del mescidamento e della cancellazione dei confini: tra forme narrative e non narrative, tra letteratura «alta» e «bassa», tra generi narrativi e lirici, tra letteratura e altre forme artistiche e di cultura popolare. E tuttavia quest'opera di decostruzione dei generi letterari operata dal moderno e dal postmoderno non significa che i generi precedenti escano di scena senza lasciare traccia.[2] Niente impedisce al sistema letterario novecentesco di riattingere al fantastico ottocentesco e riconvertirlo sia a livello tematico che a livello dei procedimenti formali e semantici.

---

[1] Hume (1984), p. 43.
[2] Carla Benedetti distingue quattro forme di sopravvivenza dei generi nella modernità: i generici consumo, i generi editoriali, i generi di recupero e i generi artificiali. Benedetti (1996), p. 60. Vedi anche Benedetti (1999), pp. 88 sgg. e Beiu-Paladi (1998).

Todorov invece sceglie di passare sotto silenzio il fenomeno della continuazione del fantastico tradizionale a livello della letteratura di consumo e congela le possibilità innovative del discorso fantastico a livello di letteratura «alta», gettando alle ortiche alcune delle sue stesse indicazioni che, se usate come categorie interpretative, invece che per catalogare reperti del passato, possono rivelarsi preziose a far rientrare il fantastico a pieno titolo nell'odierna dialettica culturale e letteraria. Egli inoltre (come giustamente aveva già notato Maria Corti[1]) paga il pegno a una concezione di genere letterario troppo normativa e statica: in epoca moderna non è più possibile una funzione classificatoria e normativa dei generi.

Più proficuo, a mio avviso considerare il fantastico una più vasta modalità letteraria che si è originata, nel periodo di passaggio dall'età premoderna a quella moderna, da modi letterari più antichi e da nuovi paradigmi epistemologici,[2] concretizzandosi tra Sette e Ottocento in un preciso genere narrativo: il racconto fantastico.

Questo tipo di narrazione continua ad essere produttiva ancora a fine Ottocento e oltre (e a livello di industria culturale ancor oggi), soccombe poi come genere dinanzi alla tendenza novecentesca alla rottura dei (e alla contaminazione tra) i generi letterari, e allo stesso tempo sopravvive come modo di espressione e possibilità formale che può essere rivissuta, rivisitata e rinnovata. Che poi queste nuove forme e modalità di scrittura non abbiano peso sufficiente per definirsi in un genere specifico è questione del tutto nominalistica, tanto più che, come abbiamo visto, una delle caratteristiche della letteratura del Novecento, almeno di quella più alta, è proprio – come ho già detto – quella della decostruzione e contaminazione dei generi.

Se le tipiche figure fantastiche ottocentesche – i diavoli, i vampiri, i fantasmi, i morti viventi – diventano immagini stereotipe per l'industria culturale oppure materiali di riciclaggio per «antiforme», siano esse rivisitazioni ironiche e/o parodiche o *pastiches* postmoderni,[3]

---

[1] Corti (1976), pp. 155-58.
[2] Per la Jackson (1981) la menippea e il *romance*; per la Chanady (1985) la leggenda; per Ceserani (1996), pp. 109-110 l'esplorazione di «nuovi e inquietanti aspetti del naturale [e della] vita istintiva, materiale o sublimata dell'uomo» e in particolare quella determinata concezione dell'amore chiamata romantica. Seguendo la Chanady, considererei anch'io il «realismo magico» sudamericano una modalità autonoma rispetto al fantastico, con procedimenti formali e retorici e nuclei tematici suoi propri.
[3] Rivisitazioni ironico-parodiche di due «miti» fondanti del fantastico, Dracula e Frankenstein, sono per esempio il film di Roman Polansky, *The Fearless Vampire*

nella migliore letteratura le procedure fantastiche legate a queste figure permangono e la funzione perturbante e perturbatrice rappresentata dall' «altro» non scompare; così come non scompare il senso d'inquietudine e l'effetto di straniamento e di spiazzamento.

Il fantasma indossa panni più quotidiani: una situazione o un paesaggio conosciuto e rassicurante in cui all'improvviso irrompe l'elemento anormale e sconosciuto che poi, nel corso della narrazione, acquista un'aria sempre più normale. Abbiamo così un fantastico che «al mistero sostituisce l'enigma»,[1] dando vita a quel senso di gratuità e assurdo nel lettore di cui parlava Todorov a proposito del prototipo kafkiano (e di Gogol). Un fantastico che, lasciando ancora più irrisolte e aperte le contraddizioni, amplia le quote di interpretazione che il testo può innescare aprendo così le porte ad interpretazioni allegoriche seppure «esitanti».

Oppure un fantastico che, più che inquietare e terrorizzare i propri lettori, si pone come compito principale quello di sconvolgere i loro presupposti epistemologici e conoscitivi. Un fantastico che, all'interno di un'atmosfera del tutto convenzionale e realistica, rappresenta un personaggio che viene a poco a poco catturato (e con lui il lettore) dentro una sottile e geometrica ragnatela (una *telaraña*, come la chiama uno dei maestri del genere, Julio Cortázar) che alla fine cede improvvisamente di fronte all'intrusione di un'irrealtà assolutamente irriducibile e incomprensibile.[2]

Oppure un fantastico che opera, tra le altre cose, «*a reversal of perspective*»:[3] un oggetto banale o ovvio posto in una situazione anomala o visto improvvisamente da un altro punto di vista, acquista un carattere inquietante che lo rende portatore di nuovi e sconvolgen-

---

Killer (1970, in italiano noto con il titolo di «Per favore non mordermi sul collo») e quello di Mel Brooks, *Young Frankenstein* (1974). *Pastiches* postmoderni possono essere definiti il film (tratto da un romanzo di Ann Rice) di Neil Jordan *Interview with the Vampire* (1994) e il romanzo di Gianfranco Manfredi *Magia rossa* (1982).

[1] Carlino (1998), p. 38. Emblematico in questo senso il racconto di Dino Buzzati *Sette piani* in: Buzzati (1958), pp. 33-52.

[2] Un esempio paradigmatico di questo tipo è *La isla a mediodía*, trad. it. *L'isola a mezzogiorno* in: Cortázar (1994), pp. 532-39.

[3] Rabkin (1976) costruisce la sua definizione di fantastico attorno a questa categoria (per cui si ha fantastico quando «the ground rules of the narrative world are forced to make a 180° reversal, when prevailing perspectives are contradicted», p. 12) che però risulta, senza i correttivi todoroviani, troppo vasta e onnicomprensiva per essere veramente atta a distinguere i testi fantastici da quelli non fantastici.

ti significati.¹ Come il carnevalesco, il fantastico crea un mondo alla rovescia; l'idea che sotto il grigiore quotidiano si nasconda qualcosa che per rivelarsi necessiti di essere riconosciuta da una mente che la osservi da un punto di vista rovesciato, inaspettato.

In tutti questi casi il valore trasgressivo, sovversivo e antagonistico del fantastico rispetto alle categorie del pensiero razionale permane. Permane l'opera di destrutturazione e di messa in dubbio della validità delle nostre categorie d'interpretazione del mondo attuata già dal fantastico ottocentesco. Esso continua ad insinuare nelle nostre menti il dubbio che la realtà non sia così chiara e solare come ci appare, che essa ad ogni momento possa diventare un incubo incomprensibile, che sulla sua superficie così liscia e trasparente esistano anse e pieghe oscure, *a heart of darkness* impossibile a razionalizzarsi, ma con cui sempre dobbiamo scontrarci e fare i conti. In un bel racconto di Cortázar, *La noche boca arriba* (pubblicato nel 1964), il protagonista, ricoverato in ospedale dopo un incidente di motocicletta, si addormenta e si risveglia più volte. Ogni volta che si addormenta sogna di essere un indiano moteca che nel Messico precolombiano è inseguito e catturato da guerrieri aztechi in cerca di vittime per i loro sacrifici umani. Via via che il racconto procede, il sogno, intervallato da più o meno lunghi risvegli nella stanza accogliente dell'ospedale, si fa sempre più angoscioso; fino a che il nostro personaggio giunge a sognare di essere trascinato sull'altare del sacrificio dove il sacerdote azteco lo aspetta con il coltello di ossidiana in mano per strappargli ancora vivo il cuore palpitante dal petto. Ed è a questo punto, quando terrorizzato cerca disperatamente di svegliarsi senza riuscirsi, che si accorge che:

> «non si sarebbe più svegliato, che era sveglio, che il sogno meraviglioso era stato l'altro, assurdo come tutti i sogni; un sogno in cui era andato lungo strani viali di una città fantastica, con luci verdi e rosse che ardevano senza fiamma né fumo, con un enorme insetto di metallo che ronzava sotto le sue gambe.»²

In quegli stessi anni uno scrittore assai diverso per sensibilità e temperamento, Primo Levi, terminava *La tregua* (scritto 1961-62),

---

¹ *Voltaluna* chiama Landolfi quest'effetto che darà lo spunto ad alcuni suoi «raccontini» della vecchiaia.

² Trad. it. *La notte supina* in Cortázar (1994), p. 212.

resoconto del viaggio di ritorno in Italia attraverso mezza Europa dopo la liberazione dal Lager di Auschwitz, con la descrizione di un incubo che periodicamente lo assale ancora a distanza di molti anni da quella terribile esperienza. Si tratta di un sogno in un sogno dove l'ambiente famigliare e conosciuto a poco a poco si tramuta in un caos grigio e torbido:

> «ed ecco, io so che cosa questo significa, ed anche so di averlo sempre saputo: sono di nuovo in Lager, e nulla era vero all'infuori del Lager. Il resto era breve vacanza, o inganno dei sensi, sogno: la famiglia, la natura in fiore, la casa. Ora questo sogno interno, il sogno di pace, è finito, e nel sogno esterno, che prosegue gelido, odo risuonare una voce, ben nota; una sola parola, non imperiosa, anzi breve e sommessa. E' il comando dell'alba in Auschwitz, una parola straniera, temuta e attesa: alzarsi: *Wstawać*.»[1]

La testimonianza di Levi ci dimostra come l'incubo del protagonista del racconto di Cortázar possa veramente tramutarsi in realtà; come ci si possa davvero addormentare nel proprio letto e risvegliarsi al mattino in un carro bestiame, catapultato in un mondo assurdo, di assoluta negatività, da incubo appunto, come quelli letterari immaginati da Kafka e Cortázar.

Che la realtà non sia quello che appare è, come vedremo, anche la ferma convinzione di Tommaso Landolfi, la cui opera fantastica andremo ora ad analizzare. In essa si possono trovare molti esempi riconducibili ai procedimenti del fantastico schizzati sopra. Il suo è un fantastico rivisitato, di secondo grado che gioca con e su i suoi canoni. E tuttavia il gioco di Landolfi non è raffinato *divertissement* o semplice rivisitazione ironico-parodica, come a volte è stato interpretato. E' invece operazione genuinamente sperimentale dove i temi e i procedimenti fantastici vengono smontati e straniati dal contesto di provenienza e l'originaria vocazione metaletteraria del fantastico ottocentesco viene utilizzata in un'opera di riflessione sui meccanismi del linguaggio, elevandone così all'ennesima potenza la tendenza analitica e riflessiva.

E' dell'impotenza della letteratura e dell'insufficienza della parola che continuamente si parla nei racconti fantastici di Landolfi.

[1] P. Levi, *La tregua*, Torino, Einaudi, 1963, pp. 254-55.

Seconda Parte

Il fantastico rivisitato di Tommaso Landolfi

1. Tommaso Landolfi «autore di racconti fantastici»

Landolfi esordisce ventinovenne nel 1937 con *Dialoghi dei massimi sistemi*,[1] «inizio folgorante, stupendamente maturo»,[2] che lo consacra immediatamente grande scrittore; mentre l'ultima sua opera pubblicata in vita (la raccolta di elzeviri *Del meno*) vede la luce nel 1978, un anno prima della morte. In quest'arco di tempo Landolfi pubblica una trentina di opere intramezzate da un numero consistente di splendide traduzioni di autori russi (soprattutto Gogol, Puškin e Dostoevskij), francesi e tedeschi.[3] Si tratta di una produzione vasta e variegata che la vulgata critica usa suddividere in due fasi cronologicamente successive, chiamate canonicamente «primo» (1937-1947) e «secondo» (1953-1978) Landolfi.

Il passaggio tra l'una e l'altra fase rappresenterebbe per Landolfi una vera e propria «crisi» che, sulla scorta di Vittorio Sereni,[4] che per primo la diagnosticò, si situa tradizionalmente all'altezza di *Cancroregina* (1950) che anche strutturalmente rappresenta un ibrido tra forma-racconto e forma-diario. Secondo Sereni, Landolfi con *Cancroregina* abbandonerebbe la scrittura «creativa», ormai sentita come falsa, e comincerebbe quel ripiegamento verso la confessione esistenziale che diventa poi predominante nella produzione successiva (l'insoddisfazione verso se stesso e verso la falsità del linguaggio è l'argomento di pagine e pagine dei diari).

Ora questa suddivisione cronologica in due periodi può avere una sua comodità pratica per mettere ordine tra la produzione di uno scrittore prolifico come il nostro, ma non sembra essere il parametro

---

[1] Dove non specificato altrimenti, si cita da: T. Landolfi, *Opere I (1937-1959)*, a cura della figlia Idolina, Rizzoli, Milano 1991 e *Opere II (1960-1971)*, ivi, 1992; d'ora in avanti nel testo con la sigla *OL*1 o 2 seguita dal numero della pagina.

[2] Sanguineti (1963), p. 1530.

[3] Nel panorama della cultura italiana tra le due guerre, Landolfi si distingue per la sua cultura cosmopolita; conoscitore delle maggiori lingue di cultura europee (anche grazie ai suoi frequenti viaggi e soggiorni all'estero) si laurea in lingua e letteratura russa a Firenze nel 1932 con una tesi su Anna Achmatova. Per ulteriori notizie biografiche si rimanda alla dettagliata «Cronologia» della figlia Idolina in *OL*1, XXI-LXVI.

[4] V. Sereni, *Tre crisi degli anni cinquanta* in «Milano-sera», 30-31 gennaio 1950 ora in Sereni (1973) p. 23. Riprende e sviluppa la nozione di «crisi» all'altezza di *Cancroregina* Sanguineti (1963) e così poi la maggioranza della critica landolfiana.

ermeneuticamente più adatto per cogliere le caratteristiche più profonde della sua scrittura.

A parte il fatto che ci sarebbe da discutere se la forma di scrittura a cui Landolfi rivolge la sua attenzione agli inizi degli anni Cinquanta si possa a rigore di termini definire come «diaristica». A partire dal prototipo de *LA BIERE DU PECHEUR*[1], essa infatti accumula materiale eterogeneo (scatti di autenticità esistenziale, cripto-citazioni letterarie, bugia vera e propria, versi, abbozzi di racconto, riflessioni filosofiche e letterarie, note di costume), narrato in prima e in terza persona, e non pare mettere in scena le caratteristiche principali del genere diario e cioè l'abbandono e la sincerità.

Si tratta semmai di ibridi tra racconto e saggio, tra finzione e documento (che presentano in anticipo molte delle caratteristiche dello sperimentalismo della Neoavanguardia e del «Gruppo 63"): «metadiari» che descrivono l'impossibilità di scrivere un diario e in cui Landolfi registra puntigliosamente sulla pagina il fallimento di qualsiasi tentativo di raggiungere, non dico *la* verità, ma *una* qualsiasi verità. Si veda per esempio questo passo da Rien va:

> «L'infelice principio di questo diario mi scoraggia; guarderò d'insistere tuttavia. Nel frattempo, esso già tenderebbe (nella mia testa e nei miei fiacchi pensamenti) a prendere una direzione, a ordinarsi, a comporsi, a scegliere gli argomenti. Cercherò d'impedirglielo: l'eterogeneo, l'eteroclito deve invece dominarvi – eppure anche questo è una specie di piano!» (*OL2*, 245-6)[2]

---

[1] Pubblicato da Vallecchi nel 1953 riporta sulla sovracoperta il gioco di parole riguardo alla traduzione del titolo (tutto in maiuscole e senz'accento) tra «bara del peccatore» e «birra del pescatore» di cui parla Landolfi stesso nella dedica a Carlo Bo. Ripubblicato da Rizzoli nel 1989 con prefazione di E. Sanguineti; ora in *OL*1, 568-668.

[2] I passi da citare a sostegno della tesi della letterarietà dei diari sarebbero innumerevoli. A titolo puramente esplicativo e senza nessuna pretesa di completezza riporto un altro paio di esempi. Da *LA BIERE*: «Non potrò mai scrivere veramente a caso e senza disegno sì da almeno sbirciare, attraverso il subbuglio, il disordine, il fondo di me?» (*OL*1, 575). E da *Rien va*: «Dico che fra tre mesi avrò cinquant'anni, e che più d'una volta ho voluto cominciare questo diario, un diario (la sol cosa che mi restasse da fare), e che ogni volta sono stato trattenuto sul bel principio dall'insorgere delle abituali preoccupazioni oziose: scelte di parole, disposizioni degli argomenti, perspicuità del dettato e altri maledetti inceppi della cui oziosità avevo d'altronde piena coscienza, sì che neppure diversion avrei potuto sperare, non che rinnovamento.» Sulla problematicità della nozione di diario in Landolfi

E a parte il fatto che se si va a gettare un'occhiata più da vicino alla produzione del «secondo Landolfi» ci si accorge che il nostro, oltre che dedicarsi alla scrittura cosiddetta diaristica e ad altre forme di scrittura definibili senz'altro come minori,[1] non abbandona mai completamente, e anzi tenta di nuovo e a più riprese, la forma-racconto.[2]

Ma soprattutto mi sembra che quelle che sono state identificate come le componenti principali del «secondo» Landolfi, e cioè la riflessione esistenziale-autobiografica e quella metalinguistica e metaletteraria sono, a ben vedere, componenti presenti in Landolfi fin dall' esordio.

Il coinvolgimento dell'io, spesso in una prospettiva autodenigratoria, e la riflessione esistenziale, intrecciata all'elemento narrativo fantastico, sono motivi rintracciabili, a partire dal prototipo *Maria Giuseppa*, per tutto il «primo» Landolfi. Allo stesso modo la riflessione sul rapporto tra lingua e realtà, sull'insufficienza e sulla falsità del linguaggio e sulla menzogna della letteratura, non è solo prerogativa dei diari, ma accompagna Landolfi fin da *Dialogo dei massimi sistemi* (in cui il racconto che dà il titolo alla raccolta, oltre che a fare la satira dell'estetica crociana, mette appunto in scena una disputa sullo statuto della poesia e sul rapporto tra *langue* e *parole*, tra espressione e comunicazione[3]). A me sembra insomma che sia ermeneuticamente più proficuo insistere sulla rilevanza e persistenza di queste costanti invece che tracciare un percorso – come spesso viene fatto sulla scorta di Sereni – al cui centro si situi una cesura decisiva nell'opera del nostro tra una prima e una seconda fase cronologicamente susseguentisi.

Landolfi è scrittore che non solo entra in prima persona dentro a tutto ciò che scrive[4] (in un misura eccezionale nel panorama del

---

vedi Cortellessa (1996). Parla di «romanzi-diari» anche la Dolfi (1997), p. 322.

[1] La favola (*La raganella d'oro*, 1954), il poema drammatico (*Landolfo VI di Benevento*, 1959), il teatro (*Faust 67*, 1969), lo sceneggiato tv (*Scene della vita di Cagliostro*, 1963), l'elzeviro (*Se non la realtà*, 1960; *In società*, 1962).

[2] Si va dai racconti lunghi *Ottavio di Saint Vincent* (1958), *Tre racconti* (1964), *Un amore del nostro tempo* (1965), a quelli più brevi o brevissimi e di valore diseguale, mescolati ad elzeviri e note di costume, di *Ombre* (1954), *Racconti impossibili* (1966), *Un paniere di Chiocciole* (1968), *Le labrene* (1974), *A caso* (1975), *Del Meno* (1978), fino al postumo *Il gioco della torre* (1987).

[3] Probabilmente grazie alla sua formazione di slavista, Landolfi è tra i primi in Italia ad essere a conoscenza di problematiche linguistico-letterarie legate alla riflessione dei formalisti russi. Cfr. Calvino (1982), p. 540-1.

[4] Di «sostanziale autobiografismo» dell'opera di Landolfi e di continuo scambio tra «autobiografia e racconto-poesia, tra matrice instintuale-coscienziale e figurazione metaforico-allegorica» parla Macrì (1990), p. 8 e 14. Di autobiografia, ma di

Novecento italiano) ma è anche scrittore che non può cambiare, che è condannato ad essere sempre uguale a se stesso. Egli è infatti preda di un disagio esistenziale profondo e insanabile che si porta dietro per tutta la vita. Un disagio esistenziale da cui deriva il nucleo centrale della sua scrittura: lo scarso (o inesistente) senso di realtà, percepita come qualcosa di falso, di non autentico, qualcosa su cui non si può fare affidamento e da cui tuttavia si dipende, ma che prima o poi ci tradirà. Sulla sua ripugnanza verso la realtà Landolfi si è soffermato ossessivamente nei diari e altrove. I brani da citare qui sarebbero innumerevoli. A titolo puramente esplicativo riporto il seguente, tratto da *LA BIERE*:

> «Ad ogni modo, come preoccupante, faticosa, minacciosa è la realtà; come è meglio ciò che non lo è! Somma è veramente la mia ripugnanza della, e alla, realtà; non solo, intendo, delle piccole e meschine cose che in prevalenza la costituiscono, ma della realtà in quanto dimensione.» (*OL1*, 606-607)

A questo evanescente senso della realtà Landolfi contrappone un attaccamento e amore disperato per la parola. In una rivisitazione dei suoi anni infantili intitolata *Prefigurazioni: Prato* (in *Ombre*), Landolfi ci parla di questa sua mancanza di senso della realtà e conseguente attaccamento alle parole:

> «perché io allora avevo una sorta di religioso, e superstizioso, amore e terrore delle parole (che mi è rimasto poi a lungo), sulle quali concentravo tutta la carica di realtà, invero scarsa, che mi riusciva di scoprire nei vari oggetti del mondo; più semplicemente, le parole erano quasi le mie sole realtà.» (*OL1*, 744)

La parola acquista quindi fin dall'infanzia il carattere di surrogato della realtà, ma contemporaneamente diventa anche una specie di antidoto contro quello che Landolfi stesso considera come il trauma che sta all'origine del suo disagio esistenziale e cioè la morte della madre a pochi mesi dalla nascita:

«un'autobiografia condotta lungo una sequenza generativa di miti», parla anche Andrea Zanzotto nella sua recensione alla *BIERE DU PECHEUR*, «Panorama» 2, luglio 1989, ora in: Zanzotto (1994), p. 323.

> «Io (ma quante volte ho scritto questo dannato pronome?), io ero un bambino che a un anno e mezzo avevano portato davanti a sua madre morta, colla vana speranza che i lineamenti di lei gli rimanessero impressi nella memoria; e che aveva detto: lasciamola stare, dorme. Ciò può spiegare molte cose della mia infanzia (quasi tutto) e ad ogni modo le condizioni generali di essa.» (*Prefigurazioni, cit.*, OL1, 743)

Surrogato dell'amore da una parte e dall'altra – dato che l'amore attraverso la figura materna è legato alla morte – figura di morte anche essa, la parola acquista per Landolfi carattere ambivalente. Scrivere diventa atto indissolubilmente legato alla vita e insieme angoscia di morte; desiderio e disgusto; piacere e delitto; tentativo di riattingere quell'armonia originaria tra parole e cose, tra linguaggio e realtà, e insieme tensione all'annullamento e al nulla primordiale.

La parola e il linguaggio sono sempre inguaribilmente insufficienti e falsi. Solo nell'infanzia, l'età dove non esiste ancora diaframma tra sé e altro, tra soggetto e mondo, è possibile l'identificazione parole-cose. Finita l'infanzia – e proprio al trauma della fine dell'infanzia, rappresentato dal collegio, si riferisce la *Prefigurazione* citata sopra – la parola diviene parola perduta, parola che lo scrittore si affanna a rincorrere senza mai raggiungere.

Si può dire che la poetica di Landolfi stia tutta qui: la ricerca frustrata e frustrante di una parola che colga l'essenza profonda e nascosta della realtà e che invece finisce sempre per mostrare il suo vuoto di significato, la sua menzogna. Al centro del racconto landolfiano sta sempre il «mal di vuoto», una sensazione di vanità, che toglie fondamento al mondo narrato e lo costringe ad una lotta con il linguaggio, con le parole che suonano sempre false e menzognere.

Uno dei primi testi di Landolfi che presenta questa che può essere considerata una vera e propria angoscia della scrittura è «*Night must fall*».[1] In una trama tenue e immotivata fanno la loro comparsa personaggi – un giocatore, un paio di donne – altrettanto immotivati, puri pretesti per il flusso ininterrotto dei pensieri strampalati di un io monologante, che divaga continuamente. In una di queste divagazioni l'io narrante ci comunica le riflessioni che gli ispira il suono dell'assiu-

---

[1] Scritto nel 1936, pubblicato in *Dialogo dei massimi sistemi*, ora in OL1 pp. 102-15 da cui si cita.

olo (di pascoliana memoria), simbolo dello stato di natura, il cui «chiù» egli sente provenire dagli alberi del vicino giardino. L'assiuolo, riflette il nostro, ripete il suo suono in maniera sempre uguale e tuttavia sempre nuova. La sua parola è sempre la stessa e tuttavia sempre nuova e originale; egli sembra, fra un chiù e l'altro, compiere tutto il ciclo vitale, dalla nascita alla morte e rinascere poi per emettere un altro suono altrettanto originale e compiuto. Pare al nostro che anche il linguaggio umano debba porsi il compito di aspirare a ricreare questa parola assoluta e primordiale:

> «Ripetere un'intonazione o una nota *volendolo* fare e *avendo la coscienza* di farlo mi è sempre apparsa l'impresa più tormentosa e stimolante.» (*OL*1,104)

Ma nell'universo della parola umana non esiste parola primigenia; anche la parola più felice, se ripetuta, si guasta irrimediabilmente, invecchia, si muta, non è mai identica a se stessa:[1]

> «a un solo patto un essere umano può ripetere una qualsivoglia parola: a patto che gli si avvizzisca tra le labbra.» (*OL*1,104)

La menzogna è inevitabile nella parola «culturale»; la riflessione razionale e intellettuale toglie spontaneità al dicibile e quindi l'immediatezza è possibile solo ai fanciulli (oppure, come vedremo, ai «poeti-fanciulli» dell'età dell'oro, non ai loro epigoni moderni). E infatti solo nell'infanzia, «da piccino», ci confessa l'io monologante, si era sentito in una specie di stato di grazia, in uno stadio «assiuolesco». Ma allora non aveva voluto abbandonarvisi per paura di compiere un'opera sacrilega verso l'universo: «succhiare l'universo come un uovo mi pareva un'azione da screanzati». Quando in età più matura decise di riattingere quello stato di grazia si accorse che non c'era più nulla da fare:

---

[1] In brano di *Des mois* Landolfi racconta come già al liceo avesse trovato intollerabile udire per la seconda volta una battuta comica del varietà che gli era sembrata fresca ed immediata la prima volta: «già allora la questione dell'irripetibilità, dell'illegittimità del ripetuto, mi angosciava; già allora avevo concluso che ogni ripetizione è un osceno tranello, uno dei tanti mezzi di cui si vale la sorte per farci schiavi o almeno rassegnati.» (*OL*2, 791)

> «ebbene quel che avrei dovuto fare il canto dell'assiuolo ce lo insegnava: continuare ad inghiottire le notti o almeno prendermi l'impegno di parlare per loro.»
> (OL1, 107)

Si può dire che è appunto quest'impegno di «parlare per le notti» che Landolfi si è assunto coerentemente per tutta la vita. La notte, il luogo dell'alterità e del mistero, acquista per Landolfi quel carattere di fondamento e di autenticità tradizionalmente attribuito al giorno.[1] Tutta la sua scrittura si può definire in questo senso «notturna»: un tentativo, sempre frustrato, di andare oltre la realtà falsa e evanescente e cogliere attraverso la parola un contatto con il primigenio e l'originario. Il «chiù» dell'assiuolo è il simbolo di questa aspirazione dello scrittore e insieme la sua «immagine derisoria».[2]

Si spiegano in questo modo i motivi per l'assenza o forte evanescenza della realtà dalla sua scrittura e, all'opposto, quelli per l'alterazione di questa dimensione e quindi per la presenza consistente dell'immaginario e del fantastico nella sua opera. E si spiega così la scelta di Landolfi – ed è una scelta a cui rimarrà fedele tutta la vita – per un tipo di scrittura fondamentalmente antimimetica e antirealistica (con apporti lirico-filosofici) che attinge a piene mani al vasto serbatoio del fantastico e dei (sotto)generi affini.

Come afferma il vecchio amico del nostro nella Firenze ermetica degli anni Trenta, Oreste Macrì, «mente metapoetica, antinaturalista per coscienza e di fatto, in conflitto col Mistero e il Trascendente», Landolfi è «narratore nella forma del racconto fantastico.»[3]

Cosa c'è di meglio per uno scrittore che, come afferma lui stesso, con la realtà non ha mai avuto troppa dimestichezza[4] che un tipo di scrittura che, come il fantastico, mette in crisi e sovverte i rapporti tra realtà e irrealtà? E cosa c'è di meglio per uno scrittore che si interroga continuamente sui rapporti tra realtà e linguaggio, ed è alla ricerca,

---

[1] In *Ombra di forca*, un elzeviro di *Un paniere di chiocciole*, si legge: «Noi siamo avvezzi a desumere l'ombra negativamente dalla luce; ebbene, non potrebbe essere esattamente il contrario, [...] Il fondamento, il continuo sarebbe l'ombra, a cui a fatica si strapperebbe talvolta qualche sprazzo di luce... In principio era l'ombra.» (*OL2*, 828)

[2] Guglielmi (1993), p. 41.

[3] Macrì (1990), p. 133.

[4] «Colla realtà, lo sai bene, non ho mai avuto troppa dimestichezza. Ecco forse la mia passione: non... ma come si fa a dirlo così apertamente? non vivere.» *Il villaggio di X e i suoi abitanti* in: *Se non la realtà* (1960), ora in *OL2*, 60.

sempre frustrata, di una lingua assoluta e primigenia che esprima l'Essere, di una modalità di scrittura che, come il fantastico, si confronta continuamente con l'indicibile e anela a recuperare l'unità originaria dell'indifferenziato dove soggetto e oggetto, essere e atto coincidono?

Cosa c'è di meglio per uno scrittore ossessionato dai procedimenti stessi della scrittura, di una modalità letteraria che, come il fantastico, dedica speciale attenzione ai potenziali creativi e proiettivi del linguaggio e che si interroga sulla propria pratica di sistema linguistico? E cosa c'è di meglio per uno scrittore la cui unica certezza è quella di non aver certezze e che vuole comunicare al lettore il dubbio, l'ambiguità e l'indecisione, di una modalità di scrittura che, come il fantastico, si presenta come vera e propria strategia narrativa esitante e ambigua?

E tuttavia a Landolfi, almeno al Landolfi maturo, l'etichetta di «autore di racconti fantastici» sembra dispiacere. In un passo di *Rien va* si legge:

> «Su una rivista italiana, a nessun proposito, giudizio sommamente lusinghiero sulla mia «opera»; e tra l'altro vi son definito, con lodi da fare il viso rosso, «autore di racconti fantastici». Sommamente lusinghiero, cioè inteso come tale: come mi dispiace, al contrario, e come è anacronistico. Ma se avessi voluto essere uno scrittore di racconti fantastici... Che cosa invece ho voluto essere o sono? E chi lo sa: come sempre la mia comprensione è stata ed è soltanto negativa («Questo solo di noi...»).» (*OL2*, 269)

Ci sono buoni motivi per non prendere troppo sul serio, come hanno fatto alcuni studiosi,[1] o comunque sottoporre ad una più attenta verifica questa come tante altre affermazioni contenute nei diari di Landolfi.

Come fare a credere a uno che gioca continuamente con le parole e che mette ossessivamente e continuamente in scena se stesso, magari per denigrarsi? Come fare a credere a uno scrittore che in uno dei suoi racconti più famosi (e terribili) avverte il lettore (in un momento di

---

[1] Romagnoli (1996), p. 18.

sincerità?) che «niente di quanto ho detto è vero. Non perché non sia vero, ma perché l'ho detto»[1]?

Il brano citato sopra semmai sembra dimostrare la sua ribellione ad essere etichettato e incasellato e la sua scontentezza verso ogni tipo di formula precostituita. Insomma la profonda insoddisfazione di Landolfi verso il suo ruolo di scrittore; quella stessa insoddisfazione che fa dire a Italo Calvino, nei panni dello scrittore in crisi Silas Flannery di *Se una notte d'inverno un viaggiatore*: «come scriverei bene se non ci fossi!» (affermazione questa che se Landolfi, avesse potuto leggere, avrebbe senz'altro sottoscritta).[2]

Esso va considerato una delle tante autodefinizioni in negativo (la litote è uno dei procedimenti favoriti del nostro[3]), rafforzata dalla citazione montaliana, di cui è piena l'opera landolfiana e che testimonia semmai di quello che lui steso chiama il suo «senso radicale di colpa»; un eterno stato di insoddisfazione verso se stesso, verso gli altri, verso la vita, verso la realtà che lo accompagna sempre e che colora la sua scrittura di una pulsione di morte.[4] Sotto ad un tono troppo spesso e facilmente definito dalla critica come ironico-parodico, Landolfi nasconde l'ossessione del nulla, fatta di attrazione e repulsione insieme.

Landolfi, nonostante che negli anni Sessanta ritenga anacronistica l'etichetta di «autore di racconti fantastici», è profondamente legato al fantastico tanto che, una volta esaurita la fase dei diari, vi si rivolgerà di nuovo con insistenza, anche se ad intermittenza, negli

---

[1] *La muta* in: *Tre racconti*, ora in *OL2*, 449. Commenta acutamente questo enunciato Carlino (1998), pp. 87-88. Ne *La muta* Landolfi porta alle estreme conseguenze il tema (già presente fin dalle sue prime opere; cfr. cap. 3) dell'uccisione delle persone amate per eccesso d'amore. Il protagonista di questo racconto (come quasi sempre in Landolfi a forte tasso autobiografico) è un condannato a morte che racconta in un lungo monologo il suo delitto: aver ucciso una giovinetta muta di sedici anni che amava e da cui era riamato per non doverne violare la purezza e l'innocenza.

[2] Calvino (1979), p.171. Anche la famosa foto di Landolfi che si copre il volto con la mano aperta a ventaglio che compare sul risvolto di copertina de *LA BIERE* (poi utilizzata insieme alla scritta «bianco per desiderio dell'Autore» su tutti i risvolti dei suoi libri successivi) illustra molto bene questo ambiguo desiderio di scomparsa dell'autore.

[3] Sulla litote in Landolfi cfr. Ceni (1986), pp. 86-90.

[4] «La mia ansia di risalire il tempo, di tornare, se non al nulla primordiale, alla assorta vita prenatale, il mio orrore razionale e sentimentale del presente e forse del futuro, la mia inettitudine all'esistenza consociata e all'esistenza senza più, erano già allora riusciti a questa specie di formulazione imperativa (poiché verso non oso chiamarlo): *Rientrare nell'utero materno.*» (*Rien va*, *OL2*, 256-7)

ultimi anni della sua vita. Nel fantastico Landolfi trova il terreno più fruttuoso per rappresentare la sua mancanza di senso della realtà, il suo disagio esistenziale, il suo «stato di insufficienza», i suoi traumi e le sue fobie.

La scelta a favore del fantastico si configura in Landolfi nel senso della rivisitazione dei modelli ottocenteschi, una rivisitazione che gioca coscientemente con la psicanalisi freudiana e a volte può anche avere carattere ironico, ma che è sempre in primo luogo operazione critica e di sperimentazione dei limiti del linguaggio. Dai suoi maestri francesi e tedeschi, russi e anglosassoni, egli riprende a piene mani temi e procedimenti, incubi e fantasmi, perversioni e eccessi, in maniera tale che la sua opera può essere vista come una grande rilettura del vasto repertorio tematico del fantastico. Vi compaiono infatti spettri e fantasmi, vampiri e lupi mannari; la metamorfosi e il mostruoso; passaggi di soglia e oggetti mediatori; il delirio e la pazzia, il sogno e la morte apparente; la notte e la casa isolata e buia; e infine un gran numero di quelli che Todorov chiama i «temi del tu» (sadismo, crudeltà, misoginia, feticismo, incesto).

Ma soprattutto Landolfi, riprendendo quella che è la lezione principale che il fantastico ottocentesco ha lasciato in eredità al Novecento, eleva l'esitazione, l'ambiguità e il dubbio, presenti ed agenti solo in porzioni o segmenti del testo fantastico classico, a discorso e a logica complessiva della narrazione che assume così un carattere di apertura, di incertezza, di vera e propria contraddizione e conflitto tra i suoi elementi costitutivi. Detto in altre parole il fantastico viene recuperato da Landolfi come mezzo per mettere in crisi il concetto di realtà e per decostruire il ruolo e la funzione della letteratura in epoca moderna.

2. Un campionario di manie e deliri

I racconti dell'opera prima di Landolfi, *Dialogo dei massimi sistemi*,[1] scritti in un linguaggio curato e sorvegliatissimo che si rifà a modelli ottocenteschi, ma mantenendo una certa distanza che impedisce immedesimazioni nostalgiche, offrono un repertorio straordinario di irregolarità, devianze, alterazioni, morbosità e fobie, con la non troppo nascosta volontà di scandalizzare il lettore d'allora. Vi fa la sua comparsa un fantastico in gran parte onirico, che appare ad intermittenza in porzioni più o meno ampie della narrazione, insieme a generi e sottogeneri affini quali l'ossessivo, lo strano e l'orrido.

Affetto da misoginia e sadismo è il protagonista di *Maria Giuseppa*,[2] il racconto d'esordio di Landolfi, che pur non contenendo nulla di sovrannaturale, mette in scena il prototipo di quei protagonisti alterati, spesso deliranti e sempre fortemente inattendibili che ritorneranno poi in molte delle sue narrazioni fantastiche. Si tratta di un «tal disutillaccio, o psicopatico», come lo definirà lo stesso autore venticinque anni dopo in una rievocazione-interpretazione molto interessante,[3] di nome Giacomo, un idiota (la lezione di Fédor M. Dostoevskij è chiaramente avvertibile tra le righe) che vive in una grande casa abbandonata (*topos* fantastico ossessivamente ricorrente nell'opera landolfiana) e ci racconta in un monologo da eroe del sottosuolo (testo dostoevskiano che Landolfi tradurrà poi nel 1948), pieno di elucubrazioni e digressioni e in tono esaltato e delirante,[4] la storia delle continue angherie a cui sottopone la vecchia serva Maria

---

[1] Pubblicato a Firenze da Parenti nel 1937 comprende i racconti *Maria Giuseppa, La morte del re di Francia, Dialogo dei massimi sistemi, Mani, La piccola apocalisse, Settimana di sole, «Night must fall»*. Ristampato da Vallecchi nell'edizione di *Racconti* (1961), poi da solo da Rizzoli (1975) e da Adelphi (1996) a cura della figlia Idolina Landolfi, ora in *OL*1, pp. 3-115.

[2] Scritto nel 1929, quando Landolfi è appena ventunenne, fu pubblicato per la prima volta in «Vigilie letterarie», n. 2, marzo 1930, ora in *OL*1, 5-15.

[3] *La vera storia di Maria Giuseppa* in: *Ombre,* ora in *OL*1, 750-54.

[4] «Parlavo solo: inventavo giochi nuovi e davo loro nomi, statuti, nomenclature. Io gridavo per esempio, Signori, non mi vergogno a raccontarlo: «Zara di dritta, forza, a te!» e lanciavo un soldo, e poi ne rilevavo la posizione e dicevo, poniamo, ma sempre ad alta voce: «Quattraio di sinistra; tira adesso la bella coppietta». E tanti altri nomi, dicevo, di colpi e combinazioni immaginarie oppure inventate da me.» (*OL*1, 10)

Giuseppa, tutta casa e chiesa, che egli detesta e su cui si accanisce fino a giungere allo stupro. Attraverso il punto di vista di un personaggio regressivo e negativo, il racconto opera una totale dissoluzione e scomposizione delle categorie del pensiero razionale e della realtà stessa fino a farla quasi scomparire come tale. Viene sovvertito ogni valore; i contrari si mescolano: bello e brutto, attrazione e ribrezzo, comico e tragico perdono ogni determinazione, lasciando il lettore sgomento e incerto su quale significato dare alla storia.

Come quella di «*Night must fall*», anche la trama di *La morte del re di Francia*[1] è tenue e poco motivata. La storia inizia in *media res* con le fantastiche allocuzioni ad un immaginario gruppo di marinai tenute nel «gabinetto di decenza» da un personaggio indefinito e senza personalità (che infatti si chiama Tale), vecchio capitano di lungo corso in pensione. Allocuzioni che sembrano fare la parodia ai coevi stentorei discorsi e alla maschia gestualità del Duce:

> «Io non vi ho insegnato nulla, e non è vero, come dite spesso, che vi sia superiore in qualche cosa, ma... (ricerca dell'espressione) ma siamo stati compagni in mille imprese gloriose, e il nostro destino non è (compiacenza al modo d'esprimersi degli ascoltatori) che le nostre tibie debbano servire di forchettoni a questi selvaggi. [...] Intesi? (gesto noncurante di saluto con due dita a partire dalla fronte) Tu, tu, tu, restate, c'è ancora da discorrere un pochino. [...] Poi, a ciascuno, gesto del mento per significare: ritorna al tuo posto; quasi contemporaneamente nuovo gesto appellativo della mano di taglio.» (*OL*1, 16-17)

Durante queste «sedute» Tale esagera assai le sue doti e la sua capacità di padroneggiare la situazione come ci comunica il narratore (in terza persona extradiegetico a focalizzazione variabile[2]) che, come si può vedere dall'esempio citato sopra, interviene continuamente con

---

[1] Pubblicato in «Caratteri», n. 3-4, maggio-luglio 1935. Accompagna il titolo la seguente nota: «Veramente il titolo originale della composizione è O O (*prefatto*). Ma una rivista come *Caratteri* ha bisogno di titoli lunghi e distesi, e quest'unico motivo ci ha indotti alla sostituzione che s'è vista («ma questa è la morte del re di Francia!...» si usa dire delle musiche lunghe e noiose). (N. d. E. di *Caratteri*)» (*OL*1, 16).

[2] Per il concetto di focalizzazione cfr. Genette (1976), pp. 237 sgg.

parentesi, incisi e note a commentare ironicamente le azioni e i pensieri del suo personaggio. L'unica debolezza che Tale si riconosce è un ribrezzo e orrore religioso per i ragni.

Si passa poi a descrivere le fantasie erotiche e incestuose di Tale nei riguardi della bellissima adolescente Rosalba, da lui adottata facendole ignorare il senso del pudore e abituandola fin da piccola a fare il bagno e a mostrarsi nuda in sua presenza. Il suo scopo è quello di realizzare un progetto a lungo preparato: «assistere ed accompagnare la crescita e il fiorire di un corpo femminile». Per questo ha avuto cura di evitare a Rosalba qualsiasi contatto con il mondo esterno, ma, ora che essa comincia a farsi donna, non è più possibile continuare a mantenere questo isolamento. Durante una delle periodiche riunioni serali degli amici a casa sua, le attenzioni del giovane figlio dell'avvocato risvegliano la femminilità di Rosalba che quella notte non riesce a dormire.

La focalizzazione passa ora a Rosalba e il narratore descrive dapprima il dormiveglia e poi il sogno erotico della giovinetta, al termine del quale ella si risveglierà donna.[1] E' un vero *tour de force* fantastico-onirico e orrido dove vengono esplorate tutte o quasi le capacità creative e proiettive del linguaggio. Basta, come Landolfi fa dire a Rosalba, «ripetersi e rigirarsi una parola qualunque dentro perché essa si svuoti del suo senso di tutti i giorni», per acquistare significati «altri»; diventare forme fisiche e orrendi mostri.[2] Oppure le cose più quotidiane, viste da una diversa angolatura, acquistano nuovi nomi e quindi nuovi significati:

> «Le patate a terra. Spigate. Le patate, si capisce, sono
> animali. Alzano una strana testa con un lungo collo dal

---

[1] «E Rosalba si svegliò di colpo. Come in treno, riprese contatto di botto con la realtà. La realtà era un gocciar caldo di tra le cosce. Un colpo e la coltre saltò via: sangue davvero, larghe macchie di sangue sul lenzuolo.» (*OL*1, 32)

[2] «Parole viticci» chiama Landolfi in un passo di *Des mois* queste parole vuote di significato, «nomi senza cose» come direbbe Rosemary Jackson: «Ciascuno avrà fatto, volontariamente o per caso, l'esperimento che consiste nel rigirarsi dentro una parola fino a svuotarla del tutto di significato; essa cioè sembra allora staccarsi, non solo dall'oggetto al quale va abitualmente legata, ma da ogni possibile oggetto od appiglio o sostegno, ed arricciolarsi, coinvolgersi nella mente. [...] Parole viticci, si potrebbe forse chiamare queste parole senza immaginabile rapporto con la realtà fenomenica. Ora: che cosa sono esse? Sono oggetti irriconoscibili o veramente parole autonome? E nel secondo caso, donde vengono o cosa simboleggiano? E noi stessi che dobbiamo farne, in quale spazio, in quale abisso dell'anima lasciarle sciamare?» (*OL*2, 765)

> loro corpo bitorzoluto. Il collo e la testa verdi, il corpo color terra. Strani animali. Una testa troppo fresca per quel corpo decrepito. Come... come che cosa? Ma che si va a pensare, evvia... ma insomma, anche dal corpo dei cani sboccia qualche volta una tenue carne rosata, retrattile e sensitiva come le corna delle lumache. Anzi... Strani animali anche i cani. Che sgomento però! Comunque le patate le chiameremo... mettiamo *canie*. Ecco una bella parola: «Sbuccia le canie e tagliale sottili!» Eh, eh. Certo c'è qualcosa di misterioso in queste teste tenere delle patate, cioè delle canie.» (*OL*1, 28)

Al centro del sogno di Rosalba campeggia una bestia dalla «forma grigia e viscida», anzi *la* bestia *tout court*, che porta lascivamente l'attacco alla fanciulla, succhiandole fra le cosce il suo «bocciolo più tenero». Dove è evidente l'occhieggiamento ironico e consapevole di Landolfi con i simboli psicanalitici freudiani.

Nuovo cambio di focalizzazione. Il narratore si riaccosta a Tale che, nella stessa notte, alzatosi per andare a bere, viene pietrificato dall'orrida presenza di un ragno e ci descrive il suo terrore. Il ricorso di Tale all'esorcismo del gabinetto, dove riacquistare attraverso un altro dei suoi fantastici discorsi, un finto controllo sulla realtà fallisce ed egli si dà alla fuga finale per lo spazio aperto dei monti. Resta indeterminato se durante l'ultima sonnambulesca passeggiata di Tale si realizzi, nella morte, la sua purificazione-redenzione e riconciliazione con gli odiati animali oppure non vi venga descritto altro che il solito «provvido stimolo corporale»:

> «Da quanto tempo Tale era là, a giacere nella neve? Certo il freddo nelle sue ossa e nel suo cuore era ormai gelo, perfetto gelo. Esso liquefaceva, lento ma sicuro, le ultime faville di calore e dalla pelle penetrava e stringeva. Stringeva e penetrava. [...] Ecco, c'è ancora un puntino di luce e di calore, poi più nulla. Come al cinematografo.
> Ma che importava ormai a Tale dei ragni? Gli pareva anzi che tutto il suo ribrezzo fosse divenuto un immenso amore e assaporava la gioia commossa d'una riconciliazione con i nemici ancestrali. Nello stesso tempo un borbottio interno lo avvertì che qualche cosa si compiva nelle sue viscere: e fulgidamente si precisò là

> un bisogno, un impellente, un irresistibile bisogno: le
> sue labbra si colorarono di un debole sorriso.
> F i o r i s c a   p u r e   l a   c a r n e   r a g n e s c a !»
> (*OL*1, 42)

Alternando i diversi punti di vista di Tale e Rosalba il racconto passa attraverso molteplici tonalità, ma i due temi che ne sono l'asse portante sono quelli della purezza e innocenza, impersonato dalla figlia Rosalba, che Tale vuole possedere e insieme la paura, possedendola, di distruggerla; e dall'altra l'angoscia, che ritorna di continuo, provocata da questo desiderio e simboleggiata dall'animale immondo e orrido, il ragno. L'ambivalenza tra, da una parte, il desiderio di padronanza della realtà (rappresentato dal corpo femminile) e dall'altra una paura irrazionale, animalesca di questa stessa realtà.

La storia resta tuttavia in qualche modo ambigua e sospesa; e non tanto perché il finale resta ironicamente aperto a interpretazioni contrastanti, ma soprattutto a causa della finale palinodia rappresentata dalla nota dell'autore (la prima di una lunga serie di note o appendici nell'opera del nostro) che rappresenta una vera e propria ritrattazione di tutto quanto narrato precedentemente.

Vi si racconta infatti che Tale in realtà non era affatto un capitano di lungo corso in pensione, ma un semplice sottocapoufficio di un ministero romano,[1] affetto da impotenza e cornificato dalla moglie. La trovatella Rosalba poi vi si mostra tutt'altro che innocente; essa al contrario è in grado di mettere in campo il meglio delle arti di seduzione femminili tanto da adescare il figlio dell'avvocato, che contro la volontà dei genitori, se la sposerà. Dando una nuova versione dei fatti raccontati in precedenza, la nota finale rimette così in discussione tutta la storia, riaffermando il carattere non-finito e fittizio della narrazione e disarmando in gran parte nel lettore l'idea di un'identificazione emotiva da parte dell'autore nel narrato.

---

[1] La figura del (sotto)capoufficio o dell'impiegato ministeriale romano incarna il massimo dell'orrore borghese per Landolfi, il quale rifiuterà una volta il «posto fisso» rappresentato da una cattedra universitaria di russo con la motivazione di non voler essere il primo nella sua onorata famiglia (di nobili proprietari terrieri d'origine longobarda di Pico Farnese, ai confini tra Lazio e Campania) a «conoscere l'onta del lavoro».

Consta di due parti il racconto intitolato *La piccola apocalisse*,[1] dove la seconda parte, *La donna nella pozzanghera*, è strutturata come una specie di racconto al quadrato in quanto si finge scritto da uno dei personaggi della prima parte, dal titolo *Nippies*, tale D, tornato a casa dopo una serata passata in conversazione con gli amici in un caffè (e tali conversari formano appunto la tenue trama della prima parte).
Anche lui seduto a un tavolo di ristorante con amici «comuni alla maniera dei nomi» l'anonimo protagonista e narratore de *La donna nella pozzanghera* vede entrare «la donna bionda» da cui si sente misteriosamente attratto. Con lei compie una passeggiata per le vie della città, in un'atmosfera onirica e allucinatoria, a costruire la quale grande parte hanno le descrizioni di luci e colori, per finire in una degradata periferia dove la languida donna (ripresa pari pari dall'iconografia *liberty*) comincia letteralmente a struggersi ed a consumarsi, fino a che, come dice il narratore, «l'inspiegabile si produsse» ed ella viene inghiottita, senza motivazioni plausibili, a poco a poco in una pozzanghera.
Il percorso dei due protagonisti attraverso le vie della città viene scandito da una serie di stazioni da teatro espressionistico dove davanti alla nostra coppia sfilano, in un'atmosfera arcana, personaggi e luoghi emblematici (le luci e i colori pesanti di un bordello, le teneri frasi di due innamorati felici, una povera donna pallida e scarmigliata con il figlioletto morente, l'astio di un marito tradito, i colori opachi e tristi di un ospedale) che la donna interpreta, con brevi frasi enigmatiche, al contrario di quanto si sarebbe portati a fare secondo il senso comune.
L'eroina del racconto, oltre che da «una meravigliosa e dolce bellezza», intrisa però di malinconia, e dalla «bocca generosa, rossa e soffice», è caratterizzata soprattutto dalla voce, una voce dal timbro materno:

> «C'era, pure, nella sua voce alcunché di materno e, devo dirlo? di lontano. La sua voce sorda e melodiosa parlava la lingua del paese, che io non conoscevo quasi; dalle sue labbra tuttavia la intesi limpidamente. Le parole parevano, da lei, perdere il loro peso e deporsi entro di me in falde leggere.» (*OL1*, 74-75)

---

[1] Scritto a Londra nel 1935. Cfr. l'elzeviro *Una Londra personale* in *Del Meno*, Milano, Rizzoli, 1978, pp. 29-33.

Femme fatale e archetipo materno insieme, ella è il simbolo dell'Eterno Femminino.[1] La sua è una voce che apre significati nascosti e che accorda lontane corrispondenze. Essa parla la lingua dell'indifferenziato, la lingua mitica precedente il peccato originale, quando ancora non esistevano differenze tra nomi e cose. Tale lingua è fatta solo di luci e colori:

> «Si passò una pallida mano sulla fronte, nel tormento di trovare parole ch'io potessi intendere e proseguì: «Non so che siano la bontà e la protervia, l'orgoglio e l'umiltà: degli uomini e delle cose conosco solo i colori, o piuttosto le luci [...] tutto quanto so è che al mondo esistono luci e colori. Ciò che gli uomini chiamano avarizia e gioia, dolore e terrore, sono per me luci azzurre o verdi, rosee o gialle. [...] Così, scernendo in queste luci dal colore impreciso i vari colori, ci si può fare un'idea della cosa o dell'uomo che le emana. Dio mio come farti capire?...»(*OL*1, 75)

La donna tuttavia è consapevole della difficoltà di trasmettere questa lingua primigenia al suo compagno e di essere costretta per farlo a ricorrere a parole approssimative e imprecise.[2] Il fatto è che l'uomo si è allontanato ormai da questa lingua autentica e originaria in cui tutto si comunica. Egli dolorosamente sa di non poterla più comprendere se non adattandola al suo codice limitato, imperfetto e inautentico, riducendone così la portata e la risonanza.[3] Per Landolfi, compito del poeta è appunto quello di cercare di imitare questa lingua originaria, questa lingua «assiuolesca» e naturale, ma è compito, come abbiamo visto già in «*Night must fall*», destinato sempre al fallimento. Ed infatti anche alla fine di questo racconto questa lingua mitica sfugge per sempre al protagonista: scompare nella pozzanghera, insieme alla

---

[1] «Mia, ma al tempo stesso di tutti, come una creatura buona e radiante della quale non si osa intralciare la sorte di consolatrice e che non ci si riconosce il diritto di tenere tutta per sé.» (*OL*1, 74)

[2] «E così i nomi che darò a queste luci perché tu le intenda, saranno soltanto parole tardive e approssimative, rammentalo!» (*OL*1, 76)

[3] «Esse [le parole] erano diventate un gioco segreto: una forma armoniosa da dare, per diletto, a quanto m'era caro. Se ne davano alcune, nondimeno, che oscillavano ed esitavano pesantemente, stridendo come un vessillo su cui vi sforziate di leggere una scritta quando il vento soffia, al crepuscolo; erano queste parole, questi frammenti di parole, a tormentarmi.» (*OL*1, 75)

donna che l'impersona, simbolo insieme della sua dissoluzione nel mondo della parola «culturale» e della sua irraggiungibilità.

Alla fine del racconto una nota in corsivo afferma decisamente il carattere non-finito del racconto. Qui un narratore extradiegetico interviene e mette al corrente il lettore sui due possibili esiti finali del racconto pensati da D «prima di perdersi definitivamente in terra straniera» e ritrovati tra le sue carte. Secondo il primo tutto si sarebbe risolto nel classico risveglio da un sogno; sogno premonitore perché poi il protagonista avrebbe ritrovato la sua donna – è il caso appunto di dirlo – di sogno nelle spoglie di una frequentatrice del ristorante, che però, diversamente dalla donna onirica, non si sarebbe fatta avvicinare. Nel secondo esito invece la donna bionda sarebbe riemersa dalla pozzanghera, avrebbe sposato il suo compagno e «tutte le cose sarebbero andate per il loro verso». Non è difficile vedere in questi due possibili (e potenziali) finali del racconto i due esiti canonici, secondo Todorov, del racconto fantastico: lo strano e il meraviglioso. L'interessante però qui è che queste soluzioni non sono attivate al livello diegetico (il racconto che «sceglie» alla fine o la via del meraviglioso o quella dello strano), ma sono presentate ambedue al livello metanarrativo, rendendo così palesi i procedimenti del fantastico e frenando di nuovo l'identificazione emotiva del lettore.

Settimana di sole,[1] è una specie di diario schizofrenico dove gli avvenimenti di una settimana che ne compongono la trama non sono altro che pretesti per le digressioni di un narratore che continuamente si parla addosso. Vi riappare un protagonista inetto e sfaccendato che si aggira da solo per una «vecchia casa di trentaquattro stanze, con cortile e giardino» in preda a deliranti e assurdi ragionamenti:

> «Sono preoccupato per questo. Ho chiesto consiglio al guardiano e ride timidamente, ho domandato particolari allo stipo delle scale, che ne deve rammentare parecchie, e dice che non sa nulla: di certo s'è rimbambito ormai. Appena sceso in sala, le seggiole mi si sono corse incontro festosamente a leccarmi le mani; le ho accarezzate, poverine, come potevano sapere dei miei grattacapi?» (*OL1*, 88-89)

---

[1] Pubblicato per la prima volta in «Letteratura» n. 1, gennaio 1937 con il titolo *Una settimana di sole*.

Vi riappare anche, e diventa uno dei fili conduttori del racconto, il motivo delle persecuzioni alla serva (e infatti il sottotitolo del testo è *Maria Giuseppa II*), qui nei panni di una ragazzina di dieci anni, controfigura della Rosalba di *La storia del re di Francia*, che il nostro narratore concupisce e insieme maltratta. Insieme a questo, l'altro collante principale della trama è il motivo, ripreso dai romanzi d'appendice e dalla letteratura per ragazzi, della ricerca del tesoro, nascosto in qualche angolo dell'antica casa da qualche antenato del protagonista. E i fantasmi degli antenati fanno la loro comparsa sul finire del racconto, mettendosi a giocare a carte con il narratore in un'atmosfera assurda e grottesca:

> «Alla fine della mano scoppiò un vero putiferio di cui io soprattutto feci le spese. Cominciò il Duro, volgendosi al Porco cortesemente: «Se ho detto liscio lunghissimo e busso, potevate anche stringervi attorno al vostro ventinove, mi pare». [...] «Che diamine, che diavolo d'inferno significa «alonzanfà»?» tuonava il Dissipatore verso di me. «Significa fatevi tutte le vostre, ecco cosa significa. Al gioco siete un vero animale! Doveva essere cappotto!» E altre cose che non ho capito bene, tanto più che, in breve, parlammo, o gridammo, tutti insieme; [...] Per me non rispondevo che: «Non voglio sposare questa donna!». Ma la vecchia, giunta a un tiro di salto dalle mie ginocchia, s'alzò di colpo le vesti e, mostrandomi un paio di mutande col volano lunghe fino alla caviglia, mi si istallò addosso; con grande ripugnanza sentivo le sue ossa aguzze sulle mie gambe.» (*OL*1, 94)

L'apparizione del fantastico è tuttavia precaria; la mancanza di qualsiasi *setting* realistico e un narratore che appare al lettore fin dall'inizio inattendibile e delirante danno a questi fantasmi, di per sé quasi macchiette da film comico dell'orrore (alla *Per favore non mordermi sul collo*, per intenderci), un carattere altamente immotivato e destrutturante.

3. «Una voce che pare faccia il verso ad un altra voce»

Come risulta dai sondaggi testuali operati sopra, nei racconti di *Dialogo dei massimi sistemi* il fantastico appare mescolato a sottogeneri affini come l'orrido, lo strano, l'ossessivo, il grottesco, ma soprattutto l'onirico-surreale, o meglio, surrealistico.

Il termine «surrealistico» va qui inteso nel significato più generico che a quest'ultimo termine dà Lucio Lugnani; cioè di realtà profonda (del sogno, dell'allucinazione e del delirio) che, tenuto in qualche modo a freno dal coperchio rappresentato dal paradigma di realtà, a un certo punto lo scoperchia e ribolle in superficie. Non va inteso invece nel senso di un'adesione di Landolfi alla poetica del Surrealismo (sulla questione, molto controversa, dei rapporti tra Landolfi e il Surrealismo cfr. più avanti il cap. 5).

E' anche un fantastico, come sarà risultato chiaro dal contenuto dei testi analizzati sopra, di tipo post-freudiano, che chiaramente mostra di essere al corrente di simbologia psicanalitica, tanto da far pensare ad approfondite letture di manuali di psicologia e psichiatria da parte del nostro. E tuttavia sarebbe azzardato concludere meccanicamente che all'origine della scrittura di Landolfi stiano nevrosi varie inconsapevolmente quanto inutilmente differite, dato che ritornano continuamente sulla pagina. I simboli psicanalitici e le ossessioni che punteggiano i suoi racconti, più che a corrispondere a pulsioni dell'inconscio, sembrano essere ammiccamento consapevole. Appurato che Landolfi sembra conoscere molto meglio della media degli intellettuali italiani del suo tempo la psicanalisi freudiana, bisogna vedere l'uso che ne fa (anche su questa questione vedi cap. 5).

Manca (o è molto debole) in questi racconti la costruzione di un *setting* realistico (come invece avverrà in alcuni dei testi di più ampio respiro che analizzeremo nei prossimi capitoli), indispensabile elemento di contrasto, come abbiamo visto, perché l'irrompere del sovrannaturale possa dispiegarsi in tutta la sua carica perturbante. E tuttavia vi fanno la comparsa alcuni dei procedimenti principali del fantastico a livello semantico ed enunciativo (la precarietà e l'inattendibilità del narratore e del narrato; la disposizione metanarrativa e la presa alla lettera del linguaggio figurato; l'ellissi e il non-finito); insomma una narrazione esitante e dubitativa che si risolve in una scrittura ambigua ripiegata su stessa.

Un rapidissimo spoglio di alcuni singoli racconti delle altre due raccolte giovanili di Landolfi[1] dovrebbe confermare le osservazioni schizzate qui sopra. Racconto onirico, tutto giocato sull'ambiguità tra vissuto e sognato, è anche *Il sogno dell'impiegato* (da *Il Mar delle Blatte*), dove tre impiegati, durante una visita a una casa di piacere, riescono a possedere (o è un sogno?) la signora Eva, inaccessibile e agognata moglie del loro capoufficio. Una specie di cosciente allegoria psicanalitica è *Notte di nozze* (*ibid.*), dove le operazioni che lo spazzacamino compie all'interno del cammino sono analoghe a quelle che tra un momento allieteranno la prima notte di nozze della «sposina»[2]. Anticipazione del clima «lunare» de *La pietra lunare* è *Il racconto del lupo mannaro* (*ibid.*), dove appaiono «morti sfigurati» che escono dalle tombe e dove due lupi mannari (in realtà due amici nevrotici sofferenti di mal di luna), esorcizzano l'influsso malefico del gelido satellite riducendolo al rango di gonfia vescica di strutto e annerendola di fuliggine senza tuttavia trovare un vero sollievo dall'influsso negativo dell'astro.

La crudeltà e la misoginia riappaiono in *La spada* (dalla raccolta omonima) che è una rivisitazione al negativo del romanzo cavalleresco (e dei racconti crudeli di J. A. Barbey d'Aurevilly e P. A. M. Villiers de L'Isle-Adam). Vi appare di nuovo un protagonista inetto (controfigura dello psicopatico Giacomo di *Maria Giuseppa*), Renato di Pescogianturco-Longino,[3] che trova nella vecchia casa avita un oggetto portentoso e fantastico: una spada dalla lama abbagliante e trasparente, affilatissima, fatta certo per «grandi imprese». Ma nessuna grande impresa sembra essere alla portata dello scialacquatore e ultimo degenere rampollo della nobile stirpe. Fino a quando non gli

---

[1] *Il Mar delle Blatte e altre storie*, Roma, Edizioni della Cometa, 1939. Ristampato poi più volte da Vallecchi e infine da Rizzoli nel 1975, ora in *OL*1, pp. 203-278. Vedi anche la riproposta di Adelphi, Milano 1997 (il racconto che dà il titolo alla raccolta sarà analizzato dettagliatamente nel cap. 5) e *La spada*, Vallecchi, Firenze 1942, poi Rizzoli 1976, ora in *OL*1, pp. 279-356. Oltre a quelli qui analizzati, qualche altro racconto di queste raccolte sarà presentato più avanti nella trattazione.

[2] «Poi un grido altissimo, gutturale, inumano, risuonò non si sa da dove, dalle mura, dalle pietre della casa, dall'anima degli utensili da cucina, dal petto stesso della sposina che ne fremé tutta. Quel mugghio bestiale d'agonia risultò ben presto essere una sorta d'appello gioioso: l'uomo era sbucato sul tetto.» (*OL*1, 238)

[3] Che viene descritto così (e sembra un autoritratto): «Questi, in poche parole, non era mai riuscito a combinare alcunché di buono, era fantastico capriccioso estremamente sensibile, e soprattutto pigro oltremisura: un malinconico scialaquatore.» (*OL*1, 283)

si presenta davanti la «fanciulla bianca» che lo ama, ma da cui egli non vuole essere amato pur essendo costei paradossalmente «quello che aveva di più caro sulla terra». E' su questa fanciulla «flessuosa come un giunco e schietta come un argenteo pioppo» che Renato decide di far fare la grande prova alla sua «fiammeggiante» e «vivente» spada.[1] Nel compiere il suo terribile compito la lama perde il suo sfolgorante splendore e diventa per sempre «smorta come cenere».

Il racconto è stato più volte interpretato dalla critica in senso freudiano come ritorno del rimosso e trasferimento simbolico di pulsioni sadomasochiste inconsce, ma il tema – già apparso in *Maria Giuseppa* e che ritorna più volte in Landolfi, nel modo più perfetto e terribile ne *La muta* – del rapporto vittima-carnefice e dell' uccisione degli oggetti e persone amate per paradossale eccesso d'amore (e dove l'uccidere equivale quindi a un trasposto possesso) sembra qui (e altrove) consapevolmente esposto sulla pagina.[2]

Riprende e fa la parodia a *Die Verwandlung*, il racconto intitolato *Il babbo di Kafka* (*ibid.*) dove il padre di Franz Kafka (con i tratti caratteriali però di quello di Tommaso) appare a quest'ultimo e all'amico narratore-testimone in forma di orrendo ragno. E' un breve ma perfetto esempio di racconto fantastico-strano *La notte provinciale* (*ibid.*) Vi riappare una giovinetta quattordicenne «esile e pieghevole al pari di un giunco» che viene misteriosamente e inspiegabilmente uccisa nel buio durante una seduta del gioco dell'assassino con cui una brigata di giovani provinciali cercano di ingannare il tempo durante una lunga serata invernale. L'assassino non viene mai trovato. Resta solo l'arma del delitto:

> «La lama lunga e tagliente, è sottilmente damascata;
> l'impugnatura si direbbe di corno, con riflessi madre-
> perlacei, verdi rossi, assai cupi. Ma pure... Ebbene
> (l'amico sorrise timidamente) l'impugnatura si direbbe
> di una materia sconosciuta. E la lama poi? Certo essa
> splende come acciaio polito, ma da che viene che i
> leggeri grumi di sangue su di essa siano ancora d'un

---

[1] «levando l'arme all'improvviso, Renato appoggiò sulla fanciulla un gran fendente. La lama attraversò per lungo l'esile corpo senza incontrare resistenza; pure la fanciulla non cadde e, immobile, guardava fissamente il suo assassino con dolci occhi, sorridendo tuttavia a fior di labbra.» (*OL1*, 288)

[2] Vedi per esempio il seguente brano: «dove, s'intende, «uccidere» starà in luogo di possedere» (*A caso*, Rizzoli, Milano, 1975, p. 28). Cfr. anche il brano di *Rien va* dove parla di voler uccidere la figlioletta in fasce (*OL2*, 256).

> rosso vivo, oggi quando tanti anni sono passati?» (*OL1*, 299)

la «materia sconosciuta» dell'arma e il fatto che essa a distanza d'anni dall'episodio continui a mantenere caratteri altamente perturbanti e misteriosi la rendono una specie di oggetto mediatore, una testimonianza di forze occulte.

Direi che queste brevi analisi (e quelle del capitolo precedente) siano già sufficienti per permettere un primo spoglio di quelli che a mio avviso sono da considerare le caratteristiche portanti della scrittura di Landolfi a livello tematico e strutturale.

Una prima costante è l'interesse ossessivo per un protagonista «negativo», che mette in mostra la parte oscura del suo essere, le pulsioni negative. E' un protagonista che, come abbiamo visto, sembra tagliato su misura per sedute psicanalitiche; inetto e logorroico, affetto da nevrosi, manie ossessive, fobie per animali vari (ragni, topi), fissazioni feticistiche (varie parti del corpo femminile, in particolare il seno), tendenze voyeristiche e crudeltà sadiche. E' anche un personaggio che tende alla cancellazione e annullamento delle differenze e che quindi ben si inserisce in quello che Rosemary Jackson ha caratterizzato come uno degli elementi centrali della trama fantastica: l'*undifferentiation*.

Questo protagonista si muove di regola in uno spazio chiuso e recintato (un *topos* della narrativa fantastica), rappresentato da una grande e vecchia casa di famiglia in un ambiente provinciale. In una casa di questo tipo si muovono gli alterati protagonisti di *Maria Giuseppa*, di *Settimana di sole* e de *La spada*. In una casa di questo tipo si muoveranno il Giovancarlo de *La pietra lunare*; l'anonimo protagonista di *Racconto di autunno*, l'accidioso Alessandro de *LA BIERE* e da una casa di questo tipo partirà per il suo viaggio senza ritorno il protagonista di *Cancroregina*. Come vedremo meglio più avanti la casa avita e la provincia, il luogo natale amato e odiato insieme, è un vero e proprio archetipo dell'immaginario landolfiano che ritorna ossessivamente in tutta la sua opera.

Sono pieni di giovanette quattordicenni esili e flessuose come giunchi questi racconti. Ma vi fanno la loro comparsa anche fanciulle pallide e languide che sembrano uscite da un quadro *art decò*, vecchie e brutte serve e donne del popolo sadiche e carnefici come nel racconto *La paura* (da *La spada*).

Qualunque sia il suo aspetto e l'età, la donna sembra avere sempre una dimensione doppia, ambigua, ossimorica: di bellezza acerba e a volte sgraziata, innocente e corrotta, languida e materna, timida e minacciosa, paurosa e crudele. Attira e insieme respinge. La donna sembra rimandare alla figura materna, figura insieme benefica e terribile, dispensatrice di vita e di morte.[1] Essa è strettamente collegata alle altre due immagini centrali dell'immaginario landolfiano e a cui ho già accennato precedentemente: la dimora vitale e la parola «assiuolesca». Insieme a queste sembra incarnare quel bisogno di interezza e di totalità, di purezza originaria e di armonia, sempre frustrato e sconfitto ad ogni tentativo di dargli realtà.

Da qui lo stesso atteggiamento ambivalente verso l'universo femminile come verso la casa avita e il linguaggio; l'oscillazione tra il desiderio di possesso della donna e l'incapacità di attuarlo, dato che il possesso equivarrebbe a guastarne la natura incontaminata e originaria e da qui il continuo differimento del desiderio che spesso scatena sulla pagina crudeltà sadiche, sia direttamente verso i personaggi femminili (cfr. *Maria Giuseppa, La spada, La muta*, e l'elenco potrebbe continuare), sia rivolte obliquamente sugli animali (cfr. per esempio *Mani, La paura, La beccaccia* in *Ombre*).[2]

A volte il protagonista è anche il narratore omodiegetico che dice io nel racconto, come il Giacomo di *Maria Giuseppa*; altre volte siamo invece in presenza di un narratore extradiegetico in terza persona che ci descrive i più minuti pensieri dei suoi personaggi (come in *La morte del re di Francia*). In ambedue i casi però viene sottolineata l'inettitudine di tali personaggi, la loro impossibilità ad agire ed a vivere e

---

[1] «Il più terribile dei ritratti di mia madre è quello che la presenta ritta [...] con me unenne sul braccio sinistro ripiegato; ella mi addita sorridendo l'obbiettivo, che difatto, riccioluto e aggrondato, io fisso. Ma questo gesto giocondo ha il suo orrendo rovescio, o forse il suo vero dritto: dal braccio teso di lei il nostro almo sole ritaglia un'ombra nera e precisa, minutamente descritta ed articolata, un braccio di tenebre che attraversa il suo corpo di sbieco. Con l'indice notturno ella mostra la terra, la fossa: in cui doveva essere rinchiusa di là a pochi mesi. / Ma l'avida terra non sembra paga, il nero gesto continua.» (*Des mois* in OL2, 748). Sulla figura della madre, tematizzata sotto varie spoglie in tutta l'opera, Landolfi ritornerà in maniera sempre più ossessiva in età matura e in vecchiaia (cfr. la «madre effige, unica amante» del *Tradimento*).

[2] Dato che mi è capitato qualche volta di avere studenti (soprattutto di sesso femminile) che trasferivano questi impulsi sadici dalle pagine dei racconti alla vita dell'autore, giova ribadire, a scanso di equivoci e per evitare troppo facili equazioni vita-letteratura, che si tratta di pulsioni sadiche naturalmente del tutto immaginarie.

quindi di conseguenza la loro inattendibilità come fondamento dell'enunciazione narrativa.

Inoltre nei racconti di Landolfi colui che narra è sempre cosciente di non essere solo, di trovarsi di fronte qualcuno che sta ad osservarlo.[1] Fa così la sua apparizione la figura del narratario,[2] a cui il narratore si rivolge continuamente, abbandonando la narrazione (i continui incisi, gli «a parte» di stampo teatrale e le note finali ai testi) e/o dandosi a digressioni, in un tono sforzato che sa di recita, che rompe continuamente la già esile trama della narrazione.

Si può dire che il racconto landolfiano si basa sulla compresenza di due opposti discorsi; uno narrativo e l'altro metanarrativo, che riflette sul primo e continuamente lo frena. Ambedue con al centro il tema della parola. Come spesso avviene, è stato un altro scrittore, Italo Calvino, a dare a mio avviso la più esatta e calzante spiegazione di come sia impostato il racconto landolfiano:

> «Attorno ad un'idea – quasi sempre un'invenzione perfida, o ossessiva, o raccapricciante – s'organizza un racconto d'elaborata esecuzione, impostato quasi sempre su una voce che pare faccia il verso a un'altra voce (ma come un grande attore che per definire un personaggio non ha bisogno di distaccarsi che appena un tantino dalla propria dizione abituale) o diciamo, su una scrittura che solo fingendosi parodia di un'altra scrittura (non d'un autore particolare, ma come d'un autore immaginario che tutti abbiamo l'illusione d'aver letto una volta) riesca ad essere diretta e spontanea e fedele a se stessa. Intorno a questa impostazione si dispiega uno spettacolo verbale che sa dosare i propri colpi di scena con precisione, ma anche abbandonarsi agli estri più volubili.»[3]

Nei testi di Landolfi l'esattezza dell'esecuzione formale (l'elaborata esecuzione di cui parla Calvino) si scontra con un'impostazione di tono linguistico che mette in gioco un secondo livello espressivo (il fare il verso ad un'altra scrittura). Si viene quindi a creare all'interno

---

[1] «E' inutile per quanti sforzi io faccia, non posso, [...] non fingermi un lettore, o un interlocutore.» (*LA BIERE*, *OL*1, 575)
[2] Per il concetto di narratorio vedi Genette (1976), pp. 262 e 307 e sgg.
[3] Calvino (1982), p. 532. Sull'interesse di Calvino per Landolfi interessanti osservazioni in Rossi (1988), pp. 239-59.

del testo una tensione tra due elementi strutturali in contrasto, sintetizzati dal titolo – l'esattezza e il caso – che Calvino sceglie di dare al suo saggio (si tratta di una postfazione ad un'antologia di racconti di Landolfi da lui curata). Una forza organizzatrice che tende alla «chiusura» e all'esattezza formale e una forza centrifuga opposta che «apre» la forma chiusa, la rovescia verso l'esterno. All'aspirazione all'esattezza della forma si contrappone la forza d'attrazione del caso che scardina continuamente, attraverso l'uso di divagazioni, dispersioni e inconseguenze, l'unità formale del racconto.

Su questa struttura narrativa schizofrenica e contraddittoria si innesta una voce che, come afferma Calvino, «pare faccia il verso a un'altra voce». Si potrebbe definire questa pratica di scrittura, riprendendo una proposta di Carla Benedetti, «effetto d'apocrifo».[1] A differenza dell'apocrifo vero e proprio, che è un'opera attribuita ad un autore diverso da quello reale, si può parlare di effetto di apocrifo quando un'opera richiede di essere letta *come se* fosse un apocrifo. In questo caso il testo esibisce uno stile e una voce che il lettore avverte come inautentici. Essa è una strategia testuale di occultamento e alleggerimento del peso dell'identità autoriale; da non attribuire – ci avverte la studiosa – esclusivamente, come spesso si tende a fare, alla poetica postmoderna, ma utilizzata da scrittori diversissimi tra loro per nascondere un disagio e un'insicurezza dell'autore verso il suo ruolo.

Landolfi utilizza l'effetto di apocrifo con una frequenza tale da renderlo un caso quasi unico del Novecento letterario italiano (gli può essere avvicinato il solo Manganelli). Il risultato è una scrittura che sembra fare la parodia di altre scritture e scrittori, ma, come nota Giacomo Debenedetti, in un tono da falsetto; una scrittura che sconcerta il lettore, il quale non sa bene che pesci prendere di fronte a testi apparentemente scritti secondo tutte le regole della buona letteratura (in una sintassi classicheggiante e di ampio respiro in cui predomina l'ipotassi e con grande sfoggio di un lessico arcaico, prezioso e ricercato), ma che anche esibiscono continuamente l'effetto d'apocrifo (l'autore immaginario di cui parla Calvino) e il *déjà vu* – o meglio *déjà lu* – e inoltre continuamente creano attriti tra le loro parti compositive senza risolverli. Una narrazione che, secondo la fortunata

---

[1] Benedetti (1998), pp. 89 sgg. Carla Benedetti conia il suo termine sull'espressione calviniana «biblioteca di apocrifi». Cfr. l'articolo *Squadratura* (1975), che contiene in nuce l'idea di *Se una notte un viaggiatore*, ora in appendice a Calvino (1991-95), pp. 1382-85.

formula di Debenedetti, «pone tutta la chiarezza al servizio del massimo di procurata oscurità, meglio occultamento»,[1] aggrovigliando sempre le trame del suo discorso e non risolvendosi mai interamente né nella narrazione né nella metanarrazione.

Landolfi, lettore onnivoro e di spaventosa cultura, mette a frutto e porta alle estreme conseguenze la lezione dei maestri del fantastico ottocentesco. Nella sua opera l'ambiguità diventa la logica costitutiva stessa della narrazione che viene così a configurarsi a pieno titolo come esitante. Se mi è permesso l'immagine militare (o sportiva) si potrebbe dire che l'esitazione da «tattica» (nel fantastico ottocentesco) è diventata in Landolfi vera e propria «strategia» discorsiva.

I capolavori fantastici di Landolfi (*La pietra lunare*, *Il Mar delle Blatte*, *Racconto d'autunno* e *Cancroregina*) che andremo adesso ad analizzare dovrebbero permetterci di confermare e approfondire le osservazioni delle pagine precedenti.

---

[1] Debenedetti (1963), p. 215.

4. L'esperienza della notte: *La pietra lunare*

Come abbiamo visto, secondo tutti i teorici, uno dei presupposti principali per lo svilupparsi del fantastico è, paradossalmente, proprio la presenza nel testo di un *setting* realistico. Solo dopo che il lettore ha riconosciuto come mimetico lo statuto del testo, esso può essere violato dall'irruzione dell'elemento fantastico. Tale irruzione può essere improvvisa e inattesa, oppure preparata dalla creazione di un'atmosfera suggestiva e strana o dall'introduzione di una lunga serie di elementi inquietanti. Il primo e forse ineguagliato romanzo di Landolfi, *La pietra lunare*,[1] è un perfetto esempio del primo caso.

Il romanzo è costruito su struttura binaria, attorno a due nuclei tematici (simboleggiati dai due sintagmi opposti del titolo *La pietra lunare. Scene della vita di provincia*): la realtà gretta e limitata della vita di provincia a P (lettera sotto cui si nasconde il paese natale di Landolfi, Pico), e il mondo mitico-fantastico delle superstizioni paesane e delle leggende dei briganti e si configura come un perfetto repertorio di ingredienti fantastici: l'esitazione del protagonista (che più volte si trova a formulare il classico dilemma sogno o sono desto), l'ambiguità della narrazione; le figure della metamorfosi; gli esseri notturni e sovrannaturali; i fantasmi e le leggende paesane; il viaggio notturno verso l'ignoto.

Il romanzo si apre con una descrizione di un ambiente paesano: la casa dello zio del protagonista Giovancarlo Scarabozzo, studente tornato al paese natale durante le vacanze, dove attorno al tavolo di cucina sono raccolti i parenti «provinciali». La scena non serve solo a collocare il lettore all'interno della più classica narrazione mimetica, ma sembra addirittura indirizzarlo verso il racconto bozzettistico[2] di sapore vagamente tardo ottocentesco:

> «Nell'aria c'era odore pesante d'avanzi di lavatura di piatti e d'insetti domestici. Tutti si disposero il meglio che poterono, il bambino s'installò sulle ginocchia di

---

[1] Concluso nel 1937, pubblicato da Vallecchi nel 1939 (seconda ed. 1944), poi da Mondadori nel 1968, da Rizzoli nel 1990 (con una *Nota introduttiva* di Andrea Zanzotto), ora in *OL*1 pp. 117-201 da cui si cita. Riproposto da Adelphi a cura della figlia Idolina, Milano 1995.

[2] Andrea Zanzotto nella sua *Nota* parla di «realismo carnevalesco», ora in Zanzotto (1994), p. 330.

> sua madre prorompendo in acute strida prive d'ogni luce spirituale; lo zio riprese la pipa e a sputacchiare, prima d'aver tratto una sola boccata, una saliva liquida; la zia con la bocca arrotondata e la sua perenne aria di compassione (che era un modo per esprimere tenero affetto); il cugino, vestito con ricercatezza provinciale, accavallò dignitoso le gambe disponendosi a dare una spolverata al suo incerto italiano.» (*OL1*, 119-20)

I personaggi sono tipiche «macchiette» provinciali, grottescamente deformate: lo zio sputacchiante, la zia falsa compassionante, il fratello dello zia «alquanto svanito di cervello», il cugino che chiede notizie dei locali notturni della capitale confondendo i condizionali «cogli imperfetti soggiuntivi», la moglie e il figlio di quest'ultimo col capo pieno di «croste di sudicio». Il parlare per frasi idiomatiche («Capo di zio Vincenzo!») e frasi fatte e il tono fortemente umoristico-grottesco sembrano indirizzare verso l'affettuosa caricatura di un mondo che l'autore mostra di conoscere bene e di essere in grado di rappresentare con grande precisione.[1]

All'improvviso in questo ambiente così sonnolento e ordinario avviene il sortilegio: l'arrivo di una ragazza dai piedi di capra:

> «Il sangue gli si gelò nelle vene e quasi nel medesimo istante gli rifluì tutto con violenza alla bocca dello stomaco. In luogo della caviglia sottile e del leggiadro piede, dalla gonna si vedevano sbucare due piedi forcuti di capra...» (*OL1*, 126)

Nel giro di poche righe la scrittura prende una piega completamente diversa da quella del bozzetto di provincia. Le beghe di famiglia con cui il nostro protagonista aveva tentato di tener desta l'attenzione del sonnolente parentado vengono abbandonate e l'attenzione di Giovancarlo è ora ossessivamente rivolta alla mostruosa anomalia di questa ragazza «snella e elegante», biancovestita e «dallo sguardo selvaggio». Nonostante i ripetuti tentativi fatti da Giovancarlo per convincerli dell' evidenza della cosa, è ben presto chiaro che né lo zio

---

[1] La caricatura grottesca ritorna di nuovo più avanti nel romanzo (cap. V) nella scena della festa paesana e della processione (la stessa che probabilmente ha fornito a Eugenio Montale i materiali per la sua *Elegia di Pico Farnese*) dove davanti al lettore sfilano in quadri perfettamente incorniciati una serie di tipiche figure paesane deliziosamente deformate.

né la sua famiglia vedono le gambe di capra (lo zio giunge anzi addirittura a dare paterni buffetti alle «belle gambine» della fanciulla). Giovancarlo si trova nell'incertezza tipica dell'eroe fantastico:

> «Dato il comportamento dello zio e degli altri, se cercava di ragionare doveva ammettere d'essere preda di un bizzarro sortilegio, d'un'allucinazione mostruosa. D'altra parte il suo più profondo istinto si rifiutava a questa spiegazione; intimamente gli sembrava d'essere di tutt'altro parere.» (*OL1*, 129)

Anche l'effetto che Gurù, questo il nome della ragazza dalle gambe di capra, provoca su Giovancarlo è il tipico effetto che caratterizza l'eroe fantastico. Si tratta di uno stato d'animo di attrazione-repulsione, di terrore e desiderio insieme, espresso attraverso immagini di tipo ossimorico («un misto di curiosità d'attrazione vertiginosa e di repulsione» *OL1*, 129), mescolato al vano proponimento di trovare una spiegazione più verosimile a questo mistero.

Gurù, che si esprime in un flusso ininterrotto di parole cantilenanti (non collegate da segni d'interpunzione),[1] afferma risolutamente di essere venuta per prendere Giovancarlo e i due escono insieme nella notte di «bella luna» fra le montagne. Come i due «passassero il resto della notte è sempre rimasto un mistero per tutti, forse anche per Giovancarlo stesso» ci avverte il narratore alla fine del capitolo, aprendo così uno spazio vuoto, un'ellissi nella scrittura che solo nella grandiosa scena finale sulle montagne (cap. VI-X), dove Giovancarlo incontra una lunga serie di esseri della notte (licantropi, capre mannare, veranie[2] e infine le mitiche Madri di faustiana memoria), sarà colmata.

Sul piano dell'enunciazione *La pietra lunare* rappresenta un'eccezione rispetto alla maggioranza dei racconti fantastici in quanto presenta una voce narrante in terza persona extradiegetica. Secondo alcuni teorici in un testo fantastico dove si abbia un narratore in terza persona:

---

[1] «E' vero che hai scritto un libro [...] che vivi solo nel tuo palazzo ci posso venire [...] ti piace la luna hai risalito mai il torrente sei stato mai nella foresta di faggi lassù quando ti sposi e di' ancora una volta ti piace la luna le notti di stelle ti piace il vento gli alberi i ruscelli ti sei mai innamorato di nessuna...» (*OL1*, 130)
[2] Uno di quei segni vuoti, «nomi senza cose» di cui parla Rosemary Jackson; «essere che pur esistendo non esiste, dato che la parola che lo designa non fa parte del linguaggio», Amigoni (1997), p. 8.

> «non è lecito dubitare sui fatti presentati come reali, perché non essendo un «io», la voce che narra non è suscettibile di dubbio, non può essere accusato né di interesse né di falsità.» [1]

Ne *La pietra lunare* però la voce narrante si guarda bene dal cancellare l'incertezza sulla natura degli avvenimenti che accadono a Giovancarlo. Essa si colloca sì a un livello diegetico superiore a quello dei personaggi (il narratore sa molto di più di quanto non sappiano i suoi personaggi e non manca di comunicarlo al lettore), ma allo stesso tempo afferma più volte la possibilità che le esperienze fantastiche di Giovancarlo possano essere spiegate come sogni o allucinazioni:

> «Bisogna dire che da qualche tempo Giovancarlo non era più sicuro di ciò che vedeva o sentiva, né dunque lo fu poi, ricordando d'aver visto.» (*OL1*, 185)

Inoltre la voce narrante interviene spesso a commentare e a smentire le deduzioni del protagonista; come avviene per esempio subito dopo che Giovancarlo ha assistito alla metamorfosi di Gurù in capra mannara nel cap. VII:

> «Ella sorrise con quel tanto di mestizia che le permetteva la sua nuova espressione, quasi volesse dire: ecco vedi, qual'era il nocciolo di Gurù. O meglio così parve al giovane, in realtà quel sorriso (invero alquanto sinistro) non implicava per nulla la memoria dell'altro stato.» (*OL1*, 165-66)

Viene instaurata così nel testo una distanza e uno scarto tra voce narrante e il suo eroe – studente in perenne stato di insufficienza verso la realtà [2] – sulla cui attendibilità il lettore non può non nutrire dubbi. In questo modo il racconto si mantiene a lungo strutturalmente ambiguo, per poi alla fine scegliere decisamente la soluzione dello strano: non si è trattato d'altro che di sogni o allucinazioni

---

[1] Campra (1981), p. 212.
[2] «menava un'assai distesa e sufficientemente strana vita: quasi sempre solo con il suo gatto e la sua cagna da caccia [...] egli componeva versi, andava a caccia sulle più lontane montagne e *fantasticava* tutto il giorno.»(*OL1*, 136). Corsivo mio.

dell'impressionabile Giovancarlo, addormentatosi in una capanna sui monti insieme a Gurù in una notte di lampi:

> «Se della notte della battaglia Giovancarlo si ricordò poi confusamente, certo non seppe mai dirsi in qual modo, dal suo dormiveglia, che poteva essere stato in seguito sonno fitto, fosse capitato là dentro.» (*OL1*, 189)

Tuttavia questa soluzione è del tutto inverosimile e non può essere non sentita come tale dal lettore. Il testo gioca ambiguamente tra sogno-allucinazione e realtà, instaurando così una «zona franca» tra reale e fantastico in cui viene sospesa la validità delle categorie del pensiero razionale.

Il *go-between*, la cerniera tra il mondo fantastico delle creature della notte e quello diurno delle scene di vita quotidiana, è rappresentato da Gurù. La Gurù dalle gambe di capra e dallo sguardo selvaggio apparsa improvvisamente a Giovancarlo all'inizio del romanzo si rivela infatti essere, alla luce del giorno, una fanciulla «slanciata e flessuosa», modesta rammendatrice e ultima discendente di una potente e feroce famiglia decaduta su cui in paese si raccontano truci storie, ma di cui ella non ha ereditato le malvagie disposizioni.

Nella coscienza degli abitanti del paese, Gurù è però considerata una specie di fattucchiera, che desta superstizioso sospetto e inquietudine per i suoi comportamenti stravaganti: il luogo dove abita (il palazzo cadente e annerito che era stato della sua famiglia), il suo essere sempre sola, il fatto che legga libri e canti strane nenie a tutte le ore, la sua dimestichezza con le capre. Gurù è «una lunare», sentenziano le pinzochere del paese, in contatto con le forze occulte della notte; la sua natura è ambivalente, ed essa può fare fatture ma anche proteggere dal fulmine.

Gurù si dà a Giovancarlo con una spontaneità e facilità che lo sconcerta e lo impaurisce. Essa è insieme minacciosa e smarrita; i suoi occhi sono umili e appassionati, la sua voce soffice e rauca. La Gurù diurna può mostrarsi ferina e feroce, ma anche materna e protettiva; come lo sarà la Gurù lunare poi sulla montagna durante l'incontro con le altre figure della metamorfosi e con i fantasmi dei briganti. Il giovane sente di non possederla veramente e che al di là della sua dolcezza e mansuetudine ella nasconde qualcosa di inquietante e misterioso.

Gurù ha un rapporto privilegiato con le fonti del linguaggio e con la poesia. I suoi discorsi privi di punteggiatura hanno la tendenza a diventare irrequieti monologhi e nenie cantilenanti e incomprensibili che rinviano all'indicibile. Le sue parole sono caratterizzate da un alto tasso di metaforicità e la sua voce sembra esprimere un linguaggio vergine e incontaminato:

> «Il vento il vento! Esso scoppia all'improvviso come fruscio di torrente, scroscia come pioggia e cessa d'un tratto. E' un'ala immensa che è passata, di quell'uccello dove sarà il corpo e dove arriverà l'altra ala? E' un sospiro mozzato. Sotto l'altra ala vivono certo altri uomini altri animali altre pietre, passando così egli ci ricongiunge a loro un momento, ci dà notizie di loro, il presentimento d'altre gioie, altre vite e altri dolori. Egli ci cova tutti un momento; così mi pare.» (*OL1*, 148)

Essa possiede una naturale forza affabulatrice che è capace di espressività e conoscenza: comunica con gli animali, nomina i luoghi, le piante, le pietre dando prova di profonde conoscenze naturalistiche:

> «Ecco là il piccolo erino, più in là il galanto, e il colchico, il colchico! E ancora il miagro, l'umbrella, e c'è anche lo psillio [...] ci sono piante che hanno fiore, altre che no, hanno tanti odori che non tutti sentono. Sono buone e cattive. Sai che ci sono piante sorde cieche mute? Infatti lo chiamano anche mazza sorda il biodo, laggiù verso la palude; e così per tutto.» (*OL1*, 160)

Con il montare della luna essa diventa irrequieta e perde coscienza e controllo di sé costringendo Giovancarlo a seguirla su per le montagne fino alla valle montana di Sorvello,[1] dove, in uno spettacolo pirotec-

---

[1] Landolfi (altra caratteristica che lo accomuna a Buzzati) è uno straordinario scrittore di montagna. I suoi paesaggi montani sono sempre descritti con estrema precisione e cura del dettaglio, con grande sfoggio di un lessico tecnico (per esempio cengia, contrafforte, costa, traversata, vedretta), ma insieme con una disposizione lirica ed evocativa, grazie anche all'uso frequente della personificazione: «Sorvello, piccola valle montana, s'allunga dolcemente. Dominatrice delle alture, la Serra Capriola pure s'ottunde e s'arrotonda ingenuamente, con vena di fanciulla; e dunque un mite accordo s'è stabilito tra lei e la casta sorella Sorvello.

nico di immagini e figure fantasmagoriche, Giovancarlo assiste a tutta una serie di avvenimenti fantastici: l'accoppiamento di Gurù con un capro e la sua metamorfosi in capra mannara; l'incontro con i fantasmi dei briganti e il ripetersi della loro mitica sfida con la guardia Napoleone, l'apparizione delle veranie e delle altre creature del mondo ctonio e infine la finale epifania dell'incontro di Giovancarlo con le faustiane Madri.

Le Madri rappresentano la meta finale del viaggio, che si potrebbe a questo punto definire di formazione e di iniziazione, di Giovancarlo. Si tratta di una discesa, guidata da Gurù, verso il luogo originario e primigenio dove essere e non essere, reale e irreale, parola e silenzio coincidono e dove non esiste differenza tra potenza e atto. Il luogo della totalità e dell'*undifferentation*. Colpito dallo sguardo delle Madri, a contatto con l'origine prima di ogni esistenza e forma, a Giovancarlo viene rivelato il senso delle multiformi realizzazioni del possibile:

> «Gli pareva che con corpi di donna fiorenti incarnati lionati egli fondesse se stesso come cera con cera; e altre bizzarre cose. Foglie sanguigne e dorate d'autunno, bagnate, gli si appiccicavano sul corpo nudo diventando gradatamente carne della sua carne, fino a che la sua pelle diventava come di salamandra; la pioggia lo batteva immollando le sue polpe, e all'improvviso indurendole come perle e scorrendovi poi sopra senza più bagnarle. [...] Ed adesso era un'immensa gioia, pazza, come un mugghio esalato da un petto di bronzo... La Madre distolse lo sguardo, lo rifissò sulla luna che tramontava; due attimi soli erano trascorsi da quando l'aveva abbassato; adesso conosceva Giovancarlo.» (*OL1*, 191-92)

Solo ora, solo dopo l'incontro con le Madri, la parola – quella parola che per Landolfi è «l'anima del mondo» – è percepita e compresa oltre il proprio apparente e opaco significato. Solo ora Giovancarlo può finalmente comprendere per la prima volta le parole delle nenie

---

[...] Sorvello, fra quel selvaggio deserto, è come una fanciulla che canticchi distratta, mentre leva gli occhi melanconici.» (*OL1*, 159).

Di Sorvello Landolfi si ricorderà in una lirica di *Viola di morte* (Vallecchi, Firenze 1972, p. 245): «*Sorvello*, amore di passati giorni, / Volli ridurti fanciulla, / E sei restata valle, / Ahimè quanto remota – [...]». Straordinari paesaggi montani ritorneranno in *Racconto d'autunno* e in *Cancroregina*.

incomprensibili di Gurù (e i materiali che Landolfi utilizza per dare forma al suo canto sono un elegante intarsio pascoliano e d'annunziano).[1]

Terminata la notte, finito il suo viaggio di formazione a ritroso verso l'indifferenziato e l'indicibile, Giovancarlo si affretta a fare le valigie e ad abbandonare P per tornare in città. Ora che il sogno è svanito e il varco tra reale e fantastico si è richiuso, tutto ritorna alla normalità. La realtà che circonda Giovancarlo si è ricomposta nelle forme note della propria quotidiana apparenza; non ci sono più le veranie, i briganti e le Madri. Tutto è di nuovo sotto controllo. In termini freudiani, il principio di realtà ha ripreso il sopravvento su quello di piacere, il sé ha ripreso il controllo sull'altro. Ora anche Gurù può essere abbandonata.

Anche in questo romanzo che è forse la sua sola opera veramente affermativa e catarsica, il tentativo di Landolfi, nei panni di Giovancarlo, di superare la sua ambivalenza originaria verso l'universo femminile si conclude con un fallimento e una fuga precipitosa. Alla fine del romanzo Gurù cessa di tematizzare l'aspirazione di Landolfi all'indifferenziato, al superamento della divisione tra forte desiderio (sublimato nell'immagine materna) e sacro terrore verso la donna (simboleggiata dalla perturbante e misteriosa luna), e torna invece ad essere una semplice ragazza di paese in lacrime da sacrificare al principio di realtà e abbandonare con una lusinga:

> «Gli esami» diceva qualche settimana dopo il giovane a Gurù, andatala a trovare a casa sua contro ogni consuetudine. «Gli esami... e i miei m'hanno fatto sapere che quest'anno non verranno... capirai...»
> «Certo, capisco» rispose Gurù con un sorriso triste.
> «Tornerò presto, ti verrò a prendere e allora staremo sempre insieme e...» aggiungeva con un gesto ampio e vago.
> «Sì sì» rispondeva Gurù fra le lacrime col medesimo sorriso. «Va' va' non preoccuparti per me, non ti tormentare; vedrai, dopo! dopo staremo sempre insieme. E... sii felice.» (*OL1*, 197)

---

[1] «Sotto la cupola del cielo / Piegano i calici lo stelo. / Dall'ansa colano le stelle, / Bollono i pollini, anzi pullulano; / Dove si cullano i corimbi / Vaga il sospiro dell'anemone / E goccia il pianto dell'amomo / E i nembi un demone dischioma. // Pallido volto sanguinoso / Sorgi sull'onda delle valli, / Piovi sulle cigliate rade / Le tue rugiade di carbonchio; / Stanotte a casa non ritorno. [...] (OL1, 192)

E dal finestrino della corriera anche la luna mostra un aspetto tranquillo e rassicurante.

E tuttavia a complicare ulteriormente la figura metamorfica e ossimorica di Gurù stanno anche altre valenze simboliche, non collegabili direttamente alla problematica dell'inconscio. Come *La donna nella pozzanghera*, come la Lucia di *Racconto d'autunno*, come tante altre figure femminili nell'opera del nostro, anche Gurù – figura di amante e insieme di madre – è figura di tramite con il tanto agognato, ma irraggiungibile linguaggio «assiuolesco»; essa rimanda a mondi sconosciuti e non detti, all'impossibile rapporto con l'indicibile. Gurù, vero e proprio simbolo privato di Landolfi, è immagine mitica della sua aspirazione sempre frustrata al linguaggio incontaminato della poesia. Ma il poeta, incarnato dal dimidiato Giovancarlo, non può possederla, se non in sogno, o a tratti. In ogni caso in un modo imperfetto e approssimativo. Ne *La pietra lunare* Landolfi «non fa altro che parlare del suo amore per la parola, del suo desiderio attraverso la parola, del suo scacco in seguito alla parola».[1]

Infine a rimettere ancora una volta in gioco la figura di Gurù e tutto il senso del romanzo interviene a sua volta l'appendice metaletteraria, posta dopo l'*exit imago* e intitolata *Del giudizio del signor Giacomo Leopardi sulla presente opera* (un montaggio di citazioni dallo *Zibaldone* con pochi tagli e spostamenti[2]). Si tratta di un'ultima capriola testuale, in funzione straniante – una specie di stroncatura del romanzo da parte del conte Giacomo – di cui Landolfi si serve per destrutturare in senso (auto)ironico il testo (come l'abbiamo già visto fare precedentemente; cfr. per esempio *La morte del re di Francia* e *La donna nella pozzanghera*).

Nel montaggio a incastro leopardiano si afferma in sostanza la fine della stagione dei poeti; la perdita per l'uomo moderno del linguaggio spontaneo della natura e della puerizia e l'avvento di un'arte basata sulla ragione e quindi artificiale e retorica, che noi, posteri di Leopardi, definiamo «autoriflessiva». Scaduta l'età d'oro dei poeti ed essendo ormai impossibile riattingere la natura, alla letteratura oggi, chiusa

---

[1] Cirillo (1989), p. 69. Per Carlino (1998, p. 111) Gurù «allegorizza la poesia», ma mi domando se questa interpretazione esplicitamente allegorica della figura di Gurù (seppure nel senso dell'allegoria moderna di Walter Benjamin) non impoverisca e riduca la ricchezza di significati simbolici di questa originale invenzione di Landolfi che, in accordo con la sua natura metamorfica, sembra essere poliformica, polisignificante e irriducibile a un solo senso.
[2] Si tratta, nell'ordine, dei brani 4, 9, 10, 17, 20, 8, 14, 17, 5.

nella propria autoreferenzialità, non restano altro che due possibilità: l'effetto di apocrifo, il virtuoso esercizio della citazione e del rifare il verso agli altri (il montaggio leopardiano), e lo svelare e smascherare i meccanismi e i procedimenti letterari: cioè il gioco metaletterario (lo stesso gioco dell'appendice). In ambedue i casi la letteratura si ripete e si nutre di se stessa.

Introducendo una distanza ironico-pessimistica tra l'autore e la sua opera l'appendice sembra implicitamente negare alla letteratura qualsiasi possibilità di catarsi e sembra suggerire al lettore che tutto quello che è stato raccontato non sia altro che sogno, gioco, illusione. E' dell'insufficienza della letteratura e della poesia che si ragiona, insomma, anche ne *La pietra lunare*.[1]

---

[1] Carlino (1998, pp. 112-113), riprendendo la nozione di Todorov, attribuisce, molto opportunamente a mio avviso, alla postilla (pseudo)leopardiana il carattere di allegoria esitante: «giacché il montaggio di citazioni è in appendice [...] aperto [...] al dubbio e all'esitazione» da parte del lettore in che senso possa essere usato ai fini dell'interpretazione del testo.

5. *Il Mar delle Blatte,* la psicanalisi, il surrealismo

Il mar delle Blatte [1] si apre con un *incipit* davvero sfolgorante, che ha fatto parlare di Surrealismo alla Buñuel: [2]

> «L'avvocato Coracaglina rincasava un pomeriggio di primavera, con un'aria svelta e vivace che suo figlio non gli avrebbe mai conosciuto. Aveva quasi sessant'anni e per di più il figlio, alquanto perdigiorno e incapace di farsi una posizione, gli dava abitualmente serio pensiero; [...] Dalla soglia rilucente di una bottega di barbiere gli corse incontro il figlio in persona, senza giacca e con una manica rimboccata al disopra del gomito.
> «Papà, papà, guarda che bel taglio!»
> E mostrava una ferita profonda all'avambraccio, una ferita di rasoio lunga e precisa; il sangue ne scorreva in abbondanza, ma il giovane sorrideva contento. L'avvocato fu colpito d'orrore a quella vista, ma non ebbe il tempo di dir nulla perché il figlio allargando con sicurezza le labbra della ferita e frugandovi dentro con l'altra mano, cominciò ad estrarne qualcosa.»
> (*OL1*, 205)

Gli oggetti che Roberto Coracaglina [3] (che oltre alla giovane età ha in comune con Landolfi caratteristiche fisiche quali una certa prestanza,

---

[1] Scritto tra il 1936 e il 1937, pubblicato in «Letteratura» n. 1 gennaio 1938, poi nella raccolta *Il Mar delle Blatte e altre storie*, ora in OL1, pp. 203-77.

[2] Come è stato notato da più parti, quest'incipit richiama irresistibilmente alla mente la sequenza del film *Chien andalou* di Luis Buñuel e Salvator Dalì del 1928 (che Landolfi quindi poteva anche conoscere) dove il protagonista vede uscire da una ferita sul palmo della sua mano numerose formiche. Più probabile però che lo spunto venga da *Il naso* di Nikolaj V. Gogol, che Landolfi tradusse poi magistralmente: «Ivan Jakovlevic per decenza infilò il frac sulla camicia e sedutosi a tavola, [...] cominciò a tagliare il pane. Divisolo in due parti, vi guardò dentro e, con sua meraviglia, vide qualcosa di biancheggiante. Toccò con il coltello cautamente l'oggetto, lo palpò col dito: «E' consistente!», disse fra sé: «Che sarà mai?». Introdusse le dita e tirò fuori... un naso!...» Gogol (1991), p. 15.

[3] Coracaglina fa pensare a «chincaglieria», così come il cognome Scarabozzo del protagonista de *La pietra lunare* rimanda a «scarabocchio». Anche nei nomi che dà ai suoi protagonisti Landolfi segnala il loro stato di insufficienza e di non essere all'altezza.

arricciati baffetti neri e un padre avvocato) estrae dalla ferita sono un pezzo di spago, un grano di pasta bucata, una bulletta da scarpe, dei pallini da caccia e dei chicchi di riso che poi – personificati come Bulletta, Pezzo di Spago, Pallini da Caccia, ecc. – diventeranno la ciurma della nave corsara che lo porterà verso il mitico Mar delle Blatte. Durante questo viaggio l'inetto e timido Roberto, tramutatosi nel dominatore e imperioso Alto Variago con stivali di cuoio, scudiscio e pistole, si ripromette di conquistare la bella e discinta Lucrezia da lui rapita, e che invece è innamorata di un rivale che più avanti nel racconto si rivela essere sorprendentemente il vermiciattolo uscito anch'esso dalla ferita del protagonista.

Colpisce fin dalla prima riga la mancanza di qualsiasi *setting* realistico che, come avviene ne *La pietra lunare*, possa costituirsi come termine di contrasto rispetto all'irrompere del sovrannaturale. Nel *Mar delle Blatte* invece si dispiega subito davanti agli occhi del lettore un mondo onirico che si innesta su un impianto esotico-avventuroso che fa pensare a Emilio Salgari. Non è quindi possibile nessuna esitazione tra i due codici in conflitto, in quanto la competenza testuale del lettore fin dall'inizio è in grado di rubricare il racconto nel «dream world» del meraviglioso e del surrealistico.

Solo alla fine del racconto riappare la dimensione del reale. Proprio al momento di massima *suspence* infatti, al culmine dell'arrembaggio che le blatte, inferocite per l'uccisione di una di loro da parte di un marinaio, portano alla nave, mentre viene descritto in tutti i minimi particolari come esse ricoprano il corpo di Lucrezia, la narrazione onirica si interrompe e ritorniamo bruscamente alla realtà:

> «le blatte le arrivavano ora ai fianchi, le scalavano senza posa il petto, le spalle, s'erano installate fra i suoi capelli, le passavano sulla fronte. Le sentiva fra le cosce, le riempivano il cavo delle ascelle, forzavano le labbra, fra poco le avrebbe avute in bocca...
> «Basta, basta per carità!» urlò all'improvviso Lucrezia coprendosi il volto colle mani, [...] hai ragione, sono stata cattiva, malvagia, sii generoso. No, io non amo Bernardo, amo te, te, Alto Variago, mio Variago, mio signore...»
> E la fanciulla appoggiò la testa sulla spalla di Roberto e pianse più dolcemente.» (*OL1*, 224)

Il giovane Roberto, scrittore in pectore, sta leggendo alla donna amata e al padre una sua storia, sognata o inventata di sana pianta, per conquistare l'una e per ottenere dall'altro i quattrini che gli permettano di occuparsi di ciò che più gli piace e cioè delle sue ambizioni letterarie. E Landolfi la sta raccontando a noi lettori, che alla fine ci ritroviamo nella stessa situazione (alla «in quel momento si svegliò e vide...») di tanti personaggi di racconti fantastici quando si risvegliano dai loro sogni o incubi.

Il racconto si configura quindi come composto da due momenti quantitativamente e qualitativamente diversi: la storia mirabolante inventata da Roberto Coracaglina, che occupa la maggior parte del testo, e il breve epilogo finale dove vengono spiegati i motivi grettamente «materiali» di quella che si rivela essere una finzione nella finzione. E' quest'ultimo epilogo a creare, per così dire, la cornice significante entro cui situare il *tour de force* fantastico del giovane, che quindi va letto a partire dalla fine. Grazie alla forza seduttrice di una fantasia travolgente, Roberto ottiene sia la donna che i quattrini:

> «ragazzo mio, hai ragione, guarda, è tanto che volevo...
> guarda, facciamo così: tu avrai da me ogni mese quello
> che... quello che posso darti, ma da vivere bene, veh. E
> non dovrai aver nessuna preoccupazione, non dovrai
> far nulla [...] Dovrai occuparti solo dei tuoi romanzi,
> insomma delle tue cose, come ti parrà e piacerà... ehm
> ehm...» (*OL1*, 225)

Come spessissimo nel nostro, il racconto sembra avere la sua origine in motivi autobiografici, deformati mitopoeticamente; cioè in complessi e problemi del giovane Landolfi (poi in età matura e in vecchiaia oggetto spesso di rievocazioni nei diari e negli elzeviri): la sua timidezza e inadeguatezza con le donne, i conflitti con il padre, la sua volontà di «farsi mantenere» il più a lungo possibile per potersi dedicare ad attività improduttive come la letteratura e il gioco (leggendaria la sua ludomania che lo portò a perdere somme ingenti nei vari casinò d'Italia e d'Europa); che vengono trasformati in un fuoco d'artificio di immagini (alla Hieronymus Bosch) e trovate veramente spettacolari[1]. Il racconto può essere quindi interpretato –

---

[1] Tra le altre, le irresistibili trovate di Lucrezia «vergine poppante» che orina latte e a cui vengono applicati due serpi alle mammelle; le donne armadilli di Brandemburgo che chiudono nel loro amplesso tutto il corpo dell'uomo; la tribù

freudianamente – come una compensazione e reintegrazione a livello onirico di frustrazioni e stati d'animo autobiografici.

Il timido Roberto si tramuta così in un forte e deciso guerriero (sempre tuttavia disprezzato dall'indomita Lucrezia[1]) che lancia furenti invettive ai suoi sottoposti; mentre il padre avvocato, che all'inizio del racconto è caratterizzato da un'aria svelta e vivace, viene ridotto a comparsa impacciata, che non sa letteralmente dove mettere le mani, mortificato ulteriormente dal suo abbigliamento poco dignitoso.[2]

La fiera e combattiva Lucrezia non si lascia domare facilmente. Essa è innamorata del verme azzurro, diafano, trasparente; un vero *gentleman* cavalleresco e dall'atteggiamento virile (ironico capovolgimento operato da Landolfi dell'espressione comune «vile come un verme»), che vince il «duello» con il giovane (si tratta di chi meglio riesce a far godere la fanciulla) grazie alla sua insospettata conoscenza delle zone erogene del corpo femminile:

> «Il verme girava, girava lentamente entro le orbite, travalicando il naso per passare dall'una all'altra. Il suo movimento regolare e sicuro teneva affascinati gli spettatori; a tutti parve di udire una specie di ronzio sonoro, come quando si passa a lungo il dito sull'orlo umido d'un bicchiere, e sembrava che fosse quel movimento a produrre quel suono. Lucrezia gemeva e mugolava, corrugando leggermente le sopracciglia. Infine il verme, arrestandosi, parve farle dolce violenza alle palpebre; Lucrezia le schiuse appena, e il verme prese a strisciare sull'attaccatura delle ciglia, sul taglio delle palpebre, forzandone il rovescio, premendo quasi volesse penetrare fra la palpebra e l'occhio. L'estasi della fanciulla durava e cresceva...» (*OL1*, 221-2)

Al contrario del verme, L'Alto Variago, che si dà arie di coraggioso e intrepido comandante, è un vile; infatti, persa la sfida (le sue carezze

---

dei Forforiti composta di soli uomini, che, per ovviare alla loro astinenza sessuale, rapiscono una donna ogni trent'anni che poi si passano tra loro.

[1] «Mio caro Roberto, avete un'aria così impaurita coi vostri capelli lisci, i vostri pantaloni lisi, la forfora sul colletto! [...] A Giuseppina non dispiacete, ve l'assicuro, ma dovreste, che so, curarvi un po' più le unghie, discorrere di cose divertenti...» (OL1, 210)

[2] «fra quei forti marinai a torso nudo che si agitavano per le loro faccende, faceva un'assai meschina figura, ozioso e in mutande com'era.» (OL1, 215)

ed abilità erotiche sono poca cosa di fronte a quelle del verme), si lascia trascinare dall'ira e lo schiaccia. Lucrezia proclama il suo eterno disgusto per lui, l'equipaggio si ammutina e gli salta addosso, mentre il padre sta a guardare. Le blatte assalgono la nave e mentre tutto sembra precipitare verso la catastrofe, il codice realistico irrompe improvvisamente nella narrazione e la «vera» Lucrezia, sedotta dalla forza della fantasia di Roberto, cede al suo amore, proclamandolo, con un certa sorpresa del giovane stesso, Alto Variago anche nella realtà:

> «In primo luogo per voi sono Roberto e non il Variago» scherzò il giovane pazzo di felicità, abbracciandola. «No, sei il mio Variago, il mio Signore, Variago... Var, ti chiamerò Var...» (*OL1*, 225)

La forza proiettiva e mitopoetica della letteratura ha trionfato sugli ostacoli materiali della vita. Come la Shahrazade de *Le mille e una notte*,[1] Roberto, attraverso la forza affabulatrice della sua fantasia, ha aperto gli occhi a Lucrezia e spazzato via gli ostacoli che si frapponevano al suo amore. La letteratura sembrerebbe quindi poter incidere per una volta sulla realtà.[2] E tuttavia, se si analizza più attentamente il testo, a me sembra che l'ironia tagliente di Landolfi crei dissonanza tra i due momenti della narrazione. Il finale suona falso, da romanzo rosa o da pubblicità del *bounty*, troppo bello per essere vero:

> «Non dubitate, si sarebbero salvati in qualche modo. Appunto ora si stava per arrivare all'isola...».
> «Che isola?» chiese Lucrezia.
> «E' un'isola su un mare azzurro, sotto un cielo azzurro. S'arriva a una quieta rada tra le palme e gli aranci, tra alberi sempre verdi, tra fiori sempre fioriti...»
> «E a codesta isola non ci si arriva lo stesso?» interruppe la fanciulla imporporandosi leggermente e abbassando gli occhi.» (*OL1*, 225)

L'effetto d'apocrifo è molto evidente: i personaggi, gli scenari sembrano di cartapesta. Il lettore si muove e sa di muoversi tra le quinte

---

[1] Carlino (1998), p. 55
[2] Così per esempio Fontanella (1983), p. 218: «Tutto il racconto costituisce allora, allegoricamente, la lotta di un giovane artista anticonformista (Landolfi stesso) che desidera ardentemente perseguire l'arte e l'amore attraverso la forza e la totale libertà della sua parola creatrice».

di un teatrino parrocchiale dove tutto è famigliare e nello stesso tempo un po' caricato. Gli stessi congegni narrativi denunciano la loro natura libresca, di stereotipi o convenzioni letterarie; c'è un che ricercato, di troppo letterario e teatrale. Lo *happy end* va limitato alla storia inventata e non sembra legittimo estenderlo a coprire altre vicende, tanto meno quelle autobiografiche di Landolfi. La vittoria della letteratura si rivela illusoria perché «rientra anch'essa nel gioco della finzione».[1] La letteratura non incide sulla realtà e inoltre si svolge in uno spazio isolato che non comunica con l'esterno.

Basta una lettura superficiale per capire come *Il Mar delle Blatte* si presti particolarmente ad essere analizzato alla luce della psicanalisi freudiana con tutto il suo armamentario di ritorno del rimosso, complessi edipici e transfert sostitutivi (la storia che esce dalla ferita edipale di Roberto, il simbolo fallico del verme, ecc.). Ed infatti sulla scia delle poche pennellate tracciate da Michel David,[2] il racconto è stato spesso interpretato (e a volte banalizzato) in questo modo.
Come sarà apparso chiaro da quanto detto sopra, a me sembra tuttavia che la nota predominante del racconto sia l'effetto d'apocrifo, l'ironia, il tono teatrale e sforzato (da recitazione in falsetto) e che queste siano strategie testuali consapevoli che non possono essere ridotte semplicemente a sintomi di nevrosi rimosse dell'autore che inconsciamente ritornano sulla pagina.

Non si vuole naturalmente negare la legittimità dell'applicazione di approcci freudiani alla letteratura in generale e alla scrittura di Landolfi in particolare. E' chiaro che in uno scrittore come il nostro, che così deliberatamente mette in scena sogni, incubi, fobie, perversioni, morbosità e fissazioni varie, la questione del rapporto tra la sua scrittura e l'inconscio non possa essere elusa. Le pagine di Landolfi non difettano certo di casi da lettino psicanalitico e si può condividere l'applicazione moderata di approcci psicanalitici alla sua scrittura per indagare i modi con cui queste fobie landolfiane si materializzano sulla pagina.

Riduttivo mi sembra invece leggere le sue strategie testuali – la disposizione metanarrativa e l'effetto d'apocrifo, gli artifici stranianti, l'esitazione e l'ambiguità – solo come strategie di autodifesa e di sublimazione. Così facendo mi sembra che si appiattisca troppo una

---

[1] Carlino (1998), p. 55.
[2] David (1966), p. 456.

personalità complessa e variegata come quella di Landolfi alla sola dimensione dell'inconscio. Non di sintomi (o almeno non solo) di nevrosi inconsapevolmente quanto inutilmente rimosse si tratta, ma di cosciente utilizzo di una scrittura esitante e ambigua al servizio di una cosciente poetica da parte di uno scrittore che si sente irrimediabilmente venuto «dopo» e che sente profondamente l'inadeguatezza e la menzogna della letteratura in epoca moderna.

Non c'è dubbio, e testimonianze di amici d'allora ce lo confermano,[1] che Landolfi conosceva Freud meglio di tanti altri scrittori italiani di allora, che durante un soggiorno giovanile a Trieste era entrato addirittura in contatto con Edoardo Weiss (introduttore, come noto, di Freud in Italia), e che si interessava ai problemi della psiche. La domanda è se i simboli psicanalitici e le fobie che brulicano sulla sua pagina siano ammiccamento consapevole o siano riferibili invece a complessi edipici e pulsioni dell'inconscio.

Già Pietro Pancrazi[2] segnalava – accanto ad isterie e idiosincrasie – una presenza della psicanalisi in Landolfi e Michel David notava che il ritratto di sé ricavabile dalla scrittura di Landolfi era «consapevolmente psicanalitico». Italo Calvino aggiunge che:

> «conta poco stabilire se le ossessioni e i fantasmi dell'immaginazione sessuale che i suoi racconti mettono in piazza sono pura finzione o corrispondono a pulsioni dell'inconscio: con la sua ostentazione, egli sembra gettarsi in pasto all'interpretazione psicanalitica [...], ma nello stesso tempo la disarma, in quanto l'assenza di censure interiori dovrebbe implicare che il vero inconscio è altrove.»[3]

Condivido pienamente questa affermazione di Calvino. Landolfi usa consapevolmente la simbologia psicanalitica, ci gioca sopra. Inoltre a ben vedere la sua formazione rimane prevalentemente e fondamentalmente prefreudiana, ottocentesca, di tipo decadente-positivistico, con una forte componente metapsichica, gnostica e teosofica.[4] Come nel

---

[1] Macrì (1990), p. 14.
[2] Pancrazi (1946), p. 152.
[3] Calvino (1982), p. 538.
[4] Cfr. Macrì (1990), p. 29. Dell'interesse di Landolfi per lo spiritismo, la telepatia e la parapsicologia testimonia l'elzeviro *Le blatte del mistero* in: *Del meno*, cit., pp. 121-125.

caso di Italo Svevo e a differenza di Umberto Saba, Landolfi rimane sempre in un rapporto di «reticente famigliarità»[1] con la psicanalisi (come mostrano varie allusioni ironiche nelle opere narrative e varie affermazioni dei diari e degli elzeviri).

Ad alcuni la conoscenza delle dinamiche dell'inconscio è apparsa come elemento decisivo per collegare Landolfi al Surrealismo come movimento letterario; questione assai spinosa, su cui si è dibattuto a lungo. Come abbiamo visto, tra le più diverse etichette appiccicate alla scrittura landolfiana è stata usata anche quella di surrealista, a volte intesa in senso generale e generico (come sensibilità diffusa in quegli anni e di cui Landolfi parteciperebbe), altre volte per affermare con decisione un'adesione di Landolfi ai principi della poetica surrealista e un'influenza più o meno diretta su di lui da parte del Surrealismo. Colui che si spinge di più su questa strada è Luigi Fontanella che in un suo ampio saggio[2] collega abbastanza strettamente il «primo» Landolfi alla «metodologia teorica surrealista». I punti di contatto che vengono identificati, sulla base di interessanti analisi di alcuni dei racconti più famosi, sono «l'umore (o malumore) nero» di Landolfi, essenzialmente simile a quello che André Breton nel saggio introduttivo all'*Anthologie de l'humour noir* (scritto proprio nel 1939, lo stesso anno della pubblicazione de *La pietra lunare* e *Il Mar delle Blatte*) definiva come «rivolta superiore dello spirito», e il «registro onirico» presente, come abbiamo visto, soprattutto nei suoi primi racconti. Secondo lo studioso Landolfi raggiungerebbe addirittura una:

> «sorta di vero e proprio *automatismo psichico narrante*, tendente, a tratti, a coagularsi nell'inquietante focalizzazione di parole isolate, presentate in una loro magica flagranza che sconcertano il lettore».[3]

Di surrealismo a proposito di Landolfi aveva già parlato Gianfranco Contini pubblicando nel 1946 in Francia la sua famosa antologia *Italie magique* (dedicata a presentare al pubblico d'oltralpe la «sensibilità magica» nella letteratura italiana di allora):

---

[1] Biondi M. (1996), p. 115.
[2] *Surrealismo di Landolfi: umore (o malumore) nero dei suoi racconti*, in: «Esperienze letterarie», gennaio-marzo 1982, pp. 158-89 poi in: Fontanella (1983). Si cita da quest'ultimo.
[3] Fontanella (1983), p. 198.

> «Questi autori sembrano riannodarsi in qualche modo alla vena magica che percorre tutta l'Italia rinascimentale, e il cui segno è ancora in tanti paesaggi, da Ferrara a Vicenza: si pensa un po' alla poesia burchiellesca e ai narratori burleschi del Quattro e del Cinquecento, nella stessa Toscana dove nasceva un Piero di Cosimo. Ecco del magico senza magia, del surreale senza surrealismo (quantunque taluni di questi scrittori, per esempio un Landolfi, siano perfettamente al corrente dell'esperienza surrealista)».[1]

Ma Contini, pur ammettendo che Landolfi fosse al corrente della poetica del movimento surrealista e di psicanalisi,[2] implicitamente lo separa dal movimento di Breton e lo collega invece alla tradizione letteraria italiana (la vena magica rinascimentale). Posizione ribadita molti anni più tardi nella sua antologia *La letteratura dell'Italia Unita* dove parla, a proposito di Landolfi, di «fantasia surrealista, o più esattamente dei lontani precursori del surrealismo.»[3]

Ispirandosi alla terminologia continiana, Alvaro Biondi, discutendo la collocazione sulla mappa letteraria degli anni tra le due guerre di più o meno gli stessi autori antologizzati da Contini (Aldo Palazzeschi, Antonio Baldini, Nicola Lisi, Cesare Zavattini, Landolfi, Massimo Bontempelli, Alberto Moravia, Enrico Morovich), propone una definizione di questo tipo:

> «chiameremo «surrealisti italiani» quegli scrittori che, più da vicino o più da lontano, costeggiano comunque la profondità, l'abisso dell'inconscio e a maggior ragione coloro, seppure rari, che decisamente lo attraversano o vi si immergono; chiameremo scrittori dell' «*Italie magique*» coloro che, magari attirati dall'irrazionale, sostanzialmente non vi aderiscono e non lo accettano come fonte di rivelazione e di conoscenza o comunque restano convinti dell'assoluta necessità di un vaglio, di un crivello della ragione. Fondamento

---

[1] Cito dalla trad. it. Contini (1988). *En passant* si può notare la differenza di giudizio su Landolfi tra la prefazione all'edizione del 1946 («Landolfi è una delle figure più attraenti ed eleganti [...] della giovane letteratura italiana») e la Postfazione 1988 («continuatore fecondo di se stesso in modalità poco variate»).
[2] Più avanti nell'antologia (p. 191) parla anche dei «simboli psicanalitici che formicolano sulla sorvegliatissima pagina di Landolfi».
[3] Contini, (1968), p. 931.

della distinzione, vera linea di demarcazione, è appunto l'inconscio.»[1]

Per lo studioso Landolfi può fondamentalmente essere ascritto al surrealismo italiano, anche se con caratteri del tutto originali:

> «Certamente la sua esperienza letteraria sembra svolgersi, la prima almeno, sul limite spesso così difficile da definire, tra vero e proprio *surrealismo* ed *Italie magique* [....] ma a me pare che prevalentemente lo scavalchi occupando delle zone nettamente surrealistiche...»[2]

perché, a differenza di Bontempelli e degli altri seguaci del movimento novecentista, Landolfi supera la linea di demarcazione dell'inconscio, anche se lo studioso riconosce che non si può parlare di scrittura automatica in Landolfi; che anzi la sua scrittura è studiatissima e controllata, e che, dal punto di vista stilistico-formale, la prestigiosa coscienza letteraria di Landolfi si rifà a modelli della tradizione letteraria italiana e, in questo senso, non si può affatto chiamare surrealista.

Nonostante l'argomentazione articolata (ai limiti del sofisma[3]) di Biondi, la sua (e di Fontanella) idea di un'influenza diretta del Surrealismo su Landolfi non mi pare sostenibile. Nel caso di Landolfi non mi sembra che si possa parlare di scoperta dei processi associativi e simbolici tra sfera dell'inconscio e realtà che caratterizzano la poetica del Surrealismo come movimento d'avanguardia e la sua teorizzazione della scrittura automatica.

E' vero che Landolfi aspira a scrivere «a caso» – e più volte, specie nei diari, ci parla di questa sua aspirazione (il che è stato scambiato da alcuni per una dichiarazione a favore della scrittura automatica surrealista) – ma, come abbiamo visto precedentemente, non riesce mai veramente ad abbandonarvisi completamente. Gli è impossibile una scrittura automatica e uno sviluppo narrativo al di fuori di ogni logica, anche se, come abbiamo visto, continuamente mette in crisi la

---

[1] Biondi A. (1981), p. 37.

[2] *Ibid.* (1981), p. 78.

[3] Cfr. per esempio un passo come il seguente: «l'inconscio non è controllato proprio perché Landolfi ha paura di liberarlo; egli si avvicina agli ingorghi della sua vita incosciente, ma tanto più ne resta vittima quanto meno accetta (ovviamente per inconscia costrizione) di conoscerli e di dominarli attraverso la pratica razionale e liberatoria del loro aperto manifestarsi.» (*Ibid.* p. 78)

logica e l'ordine narrativo «classico» attraverso quella che, con Alfredo Giuliani, potremmo chiamare «attrazione della divagazione».[1]

Se di surrealismo si tratta quindi è di un surrealismo così autonomo da dividere con quello storico solo la posizione di rifiuto sistematico del reale.[2] L'ambiente stesso frequentato dal giovane Landolfi, e cioè quello fiorentino ermetico degli anni Trenta, guardava con distacco all'esperienza del Surrealismo. Del resto andrebbe descritto meglio e nei dettagli quali siano le caratteristiche degli scrittori di quell'area che Biondi chiama «surrealismo italiano», nozione ormai entrata nell'uso, ma piuttosto vaga e imprecisa a definire le caratteristiche di scrittori molto diversi tra loro e uniti solo da una sensibilità «magica», «metafisica» e genericamente onirica, senza però aderire al movimento di Breton. Semmai le divagazioni, l'effetto d'apocrifo e i procedimenti stranianti e di messa a nudo dei meccanismi della scrittura di Landolfi vanno nella direzione dello (e lo avvicinano allo) sperimentalismo moderno di, per esempio, un Carlo Emilio Gadda.[3]

---

[1] «Il dover prendere una direzione invece che un'altra, il dover produrre una conseguenza in ogni caso, è per uno scrittore come Landolfi un limite, un impaccio, per combattere il quale egli si getta nell'inconseguenza; anzichè scegliere una delle possibili conseguenze, sceglie una «inconseguenza», sceglie una «materia», una deviazione inaspettata.» Giuliani (1989), p. 11.

[2] Ceni (1986), p. 118.

[3] Per un rapido confronto tra Carlo Emilio Gadda e Landolfi cfr. Ceni (1986), pp. 85-90. Gadda si differenzia da Landolfi per l'uso spiccato che fa del plurilinguismo (aspetto che invece ha pochissima rilevanza in Landolfi), ma gli è molto vicino, oltre che per la disposizione metaletteraria e metanarrativa, per l'impostazione filosofica della sua scrittura, per le implicazioni conoscitive del narrare, per la forte polemica antiborghese attuata da posizioni di estremo aristocraticismo e conservatorismo, per l'uso consapevole della simbologia psicanalitica.

6. Nelle viscere del labirinto: *Racconto d'autunno*

A differenza de *La pietra lunare*, dove il fantastico irrompe all'improvviso in una cornice di gretto realismo provinciale, in *Racconto d'autunno*[1] l'atmosfera inquietante e suggestiva viene costruita con lentezza esasperante ed occupa una parte sproporzionatamente grande della narrazione, mentre l'elemento fantastico vero e proprio fa la sua apparizione solo molto avanti nel testo per scomparirvi definitivamente subito dopo.

L'*incipit* con il protagonista (e narratore) che si dichiara alla macchia e in fuga tra un labirinto di monti e forre dinanzi ai soldati di un esercito d'occupazione, sembrerebbe collocare il racconto all'interno di quel vasto filone di letteratura memorialista sulla guerra partigiana di stampo neorealista, al suo apice proprio negli anni in cui Landolfi scriveva questo suo lungo racconto. Ma è impressione che il lettore abbandona dopo poche righe. Intanto è del tutto assente l'elemento collettivo; non di una banda di partigiani si tratta, ma di un uomo solo, che non sembra preda di nessuno sdegno morale o convinzione ideologica ed evita di proposito di dirci sotto quale categoria, delle tre possibili che ci pennella, rubricare la sua scelta di andare alla macchia:

> «Dove, coloro che ne avevano la possibilità o se ne sentirono il genio, si organizzarono per una resistenza armata o addirittura per l'offesa, altri resisterono almeno passivamente alle imposizioni degli invasori, altri infine badarono soltanto a togliersi dal folto della mischia.
> Poiché, dico, appartenevo a una di queste categorie, la mia vita fu lungamente quella del bandito, anzi, avuto riguardo ai luoghi più o meno impervi che frequentavo, del brigante, di continuo braccato.» (*OL1*, 437)

Poi vengono a mancare al lettore fin dall'inizio qualsiasi coordinata spaziale-temporale che gli permetta di riconoscere i supposti avvenimenti di guerra e di situarli in un preciso contesto storico-geografico

---

[1] Scritto in pochi mesi nel 1946, pubblicato da Vallecchi nel 1947, ristampato nel 1963, poi pubblicato da Rizzoli nel 1975 (1990) e da Adelphi nel 1995 a cura della figlia Idolina. Ora in OL1, pp. 435-515 da cui si cita.

come richiesto dalle buone regole della letteratura documentaristica. Anzi ben presto gli eserciti d'occupazione e la guerra partigiana vengono abbandonati (per ritornare alla fine del racconto quasi come *deus ex machina* per «chiudere» la storia), dimostrando il loro carattere di semplici pretesti e congegni narrativi.

Se non bastasse tutto questo, il lessico arcaicizzante, prezioso e raffinato, del tutto inconciliabile con i principi della poetica neorealistica, svela da subito la natura antimimetica della scrittura di Landolfi e attua un'immediata «derealizzazione» di quelle poche tracce di realtà introdotte dall'allusione alla guerra. I monti, il bosco, la forra vengono ad acquistare un carattere inquietante e suggestivo; sembrano prepararsi a un'epifania che però non ha luogo:

> «Poiché luce non si vedeva da nessuna parte, rimasi un tempo in ascolto: neppure di qui veniva il menomo suono. Anche i sommessi rumori della montagna erano cessati, si sarebbe detto, all'improvviso. La piena di qualche vallata lontana, il cui leggero scroscio avevo avuto tutto il giorno negli orecchi, doveva essere defluita completamente; la pioggia, che aveva seguitato a cadere, a sgrulloni, dal mattino, era del pari, per un momento, cessata, e la natura intera subiva uno di quei curiosi attimi di sospensione quando ogni cosa sembra tenersi in prezioso e minaccevole equilibrio.»
> (*OL1*, 441)

Non di realtà tratta questo breve romanzo, ma anzi di consapevole fuga dalla realtà verso un interno buio che si chiude all'esterno e si rifiuta ad ogni contatto. Al centro della narrazione viene infatti ben presto a campeggiare la vera protagonista del racconto: la «stregata dimora» o solitario e cadente «maniero» in cui il protagonista trova rifugio.

L'*enclosure*, lo spazio chiuso e recintato, il luogo di massima trasformazione e terrore dove si realizza l'epifania del fantastico – affermano i teorici del genere – è uno dei *topoi* più ricorrenti della letteratura fantastica e dell'orrore. E a metà strada tra il castello del *gothic novel* con sotterranei, catene e passaggi segreti e la casa di Roderick Usher (nonché controfigura, come vedremo, di quella avita di Landolfi a Pico) è infatti la casa stregata di *Racconto d'autunno*.

Dal punto di vista della struttura il romanzo è composto da diciotto brevi capitoli, più una concisa conclusione e può essere diviso in due blocchi. Un primo blocco (cap. I-XIV) che copre un periodo di otto, nove giorni, ed è dedicato all'esplorazione da parte del protagonista di questa labirintica casa (descritta con dovizia di particolari e rigore matematico), abitata all'apparenza solo da un vecchio mezzo pazzo e dai suoi due cani, in cui egli ha trovato rifugio. Questa parte si conclude con l'apparizione – unico evento veramente sovrannaturale del racconto – davanti al protagonista nascosto dietro un tendaggio, dello spettro di Lucia, l'amata moglie del vecchio morta da tempo (e il cui ritratto appeso al muro del salotto aveva attirato irresistibilmente fin dall'inizio l'attenzione del nostro protagonista), durante la messa nera da questi officiata in una notte di tempesta.

Il secondo blocco (cap. XV-XVIII), più breve, vede il ritorno del protagonista alla casa un paio di settimane dopo. Qui incontra la giovane figlia del vecchio, Lucia, alter-ego della madre e abitatrice nascosta della casa; la quale gli comunica la morte del padre e gli racconta la «vera» storia della famiglia: una truce storia di abusi, perversioni e sadismo a cui il padre sottoponeva la giovane sposa e la figlia, lasciando balenare anche l'ombra dell'incesto. La felicità dei due giovani è di breve durata; a troncarla sopraggiungono truppe coloniali dell'esercito liberatore che feriscono il protagonista e uccidono Lucia. Questa seconda parte non contiene elementi fantastici e ha la funzione di ripercorrere gli eventi che erano precedentemente apparsi al protagonista come misteriosi e perturbanti alla luce di cause razionali (come, abbiamo visto, avviene spesso nel fantastico ottocentesco).

La conclusione (una paginetta e poco più) si caratterizza infine per il suo carattere iterativo («la prima volta che tornai») e descrive, in un'atmosfera crepuscolare e mortuaria, le varie visite che il protagonista ogni autunno fa sulla tomba dell'amata Lucia:

> «E, in seguito, rividi quei luoghi nel crepuscolo lacrimoso, come la prima sera che vi ero giunto, o spesso e violaceo, come la prima volta che l'avevo trovata, o colla pioggia dritta e insistente, come quella notte con la tempesta, col vento urlante come una creatura incatenata, colla nebbia sbrindellata sulle cime; in una delle mille figure di quella inebriante e malinconica stagione, che erano altrettante figure della mia anima.»
> (*OL1*, 514)

L'enunciazione in *Racconto d'autunno* è affidata ad un narratore omodiegetico, con cui il lettore tende a identificarsi, a stretta somiglianza con quelli dei *gothic novels* o dei racconti fantastici o orridi ottocenteschi. Si tratta di un narratore che, seppure turbato, incerto su quello che gli accade e con i nervi a pezzi, cerca sempre di razionalizzare i propri stati d'animo e d'indagare l'ambiente che lo circonda. L'identificazione del lettore con il personaggio quindi, a differenza di quanto accade con i narratori omodiegetici di per esempio *Maria Giuseppa* e *Settimana di sole*, non è frenata da quote più o meno forti d'inattendibilità, oppure dai commenti che delle azioni del protagonista fa un narratore extradiegetico a un livello gnoseologico superiore (come ne *La pietra lunare*), e neppure da altri dispositivi metaletterari o da contromisure ironiche che abbiamo visto sono all'opera in molti dei racconti precedenti di Landolfi.

Si assiste inoltre sulle pagine di questo romanzo a un recupero a piene mani – deliberatamente evidenziato – di *topoi* e atmosfere tra le più caratteristiche del fantastico romantico: la casa stregata e misteriosa, il ritratto di donna che sembra «vivo» (che rimanda a *The Oval Portrait* di Edgard Allan Poe), gli oggetti mediatori, la stanza delle reliquie (che fa pensare anche al crepuscolarismo di Guido Gozzano e Aldo Palazzeschi), la figura enigmatica e un po' infernale del vecchio abitatore, lo spiritismo e l'occultismo, la presenza invisibile e inquietante di qualcuno o qualcosa.

Tutti questi elementi hanno fatto parlare per *Racconto d'autunno* di narrazione manieristica, che si regge più che altro per forza di stile e dove la citazione e l'effetto d'apocrifo raggiungono un'ampiezza eccessiva e troppo evidenziata. Da qui ad un giudizio critico negativo il passo è breve: per alcuni critici *Racconto d'autunno* rappresenterebbe una riproposta troppo fedele all'originale, uno stanco esercizio di stile che mette in mostra i primi segni di quella crisi della scrittura mitopoetica che si mostrerà poi in tutta la sua gravità all'altezza di *Cancroregina*.

E' vero che in *Racconto d'autunno* è presente una forte intertestualità e forti sono le sensazioni di *déjà lu* che il lettore esperimenta nella lettura, ma anche qui, come avverrà poi in *Cancroregina*, il rapporto dell'ipertesto con i suoi ipotesti[1] non è di semplice ripresa, ma di destrutturazione e straniamento. Landolfi attua infatti in *Racconto d'autunno* uno svuotamento del fantastico classico, costruendo a

---

[1] Per i termini ipertesto e ipotesto cfr. Genette (1982), pp. 3 sgg.

lungo e lentamente per gran parte delle pagine del romanzo un'atmosfera «fantastica» senza fantastico, cioè senza un vero accadimento sovrannaturale.

Questa strategia è messa in atto fin dalle prime pagine. Ancora prima di arrivare alla casa, mentre vaga nel bosco, il protagonista è in uno stato d'animo inquieto e perturbato e cerca più volte di razionalizzare le sue impressioni con riferimento ai «nervi scossi» o «turbati» dagli strapazzi e dalla tensione della guerra:

> «Il luogo dove ora mi trovavo era una sorta di immensa e assai scoscesa forra, che dalla cima quasi della montagna sboccava, press'a poco in linea retta, su un falsopiano a mille metri circa più sotto; dalle pareti rivestite di fitta vegetazione. Non ho mai dimenticato, malgrado la miserevole condizione in cui mi capitò di percorrerlo, la selvaggia bellezza di quel luogo e insieme la oscura suggestione, o l'oscuro terrore, che sembrava aleggiarvi; nella quale suggestione entravano senza dubbio per qualcosa i miei nervi scossi.» (*OL1*, 439)

Un'ancora maggiore suggestione [1] esercita su di lui il «cupo maniero», alla cui esplorazione il nostro eroe si dedica con perseveranza, senza sapere nemmeno lui il perché e nonostante l'ostinata resistenza del vecchio, convincendosi ben presto che esso nasconda un segreto o che contenga un'oscura presenza, percepita attraverso rumori indefiniti, sospiri e scalpiccii nel buio.

Pur conscio dell'assurdità delle sue supposizioni, egli va sempre più convincendosi che questa misteriosa presenza sia identica alla giovane donna raffigurata in un ritratto appeso nella sala, i cui grandi occhi «vivi e conturbanti» paiono contenere un' «alta virtù magnetica» che l'affascina e imprigiona. Tale identificazione scatta grazie al ritrovamento in una delle innumerevoli stanze del maniero (che ha tutte le

---

[1] Tra gli elementi più efficaci alla creazione di questa atmosfera fantastica è il ripetuto uso di parole a forte tasso perturbante come «suggestione» (*OL1*, 439, 442), «sgomento» (444), «indefinibile» (441, 446, 490), «smarrimento» (444, 449, 455, 460, 492) e simili. Inoltre una massiccia presenza di espressioni ossimoriche come per esempio «selvaggia bellezza», «oscura suggestione» (439); «infuocato e magnetico, cupo, corrucciato, eppure dolce e smarrito» (497); «alcunché di nobile e selvatico al tempo stesso» (449), fan di *Racconto d'autunno* un vero e proprio repertorio di questa figura retorica.

caratteristiche di una stanza delle reliquie) di una specie di «oggetto mediatore»: lo stesso «zendado o amoerro» raffigurato nel ritratto:

> «Si giudichi della mia emozione. Dunque quella donna era ancora viva, e forse questa stanza era una di quelle in cui s'aggirava, forse suo era il vivissimo profumo da me sentito? O era questa una reliquia? Poco mi brigavo in codeste fantasticherie, del fatto che colei, seppure viva, non avrebbe per nulla rassomigliato alla donna da me, per così dire, conosciuta; e mi ostinavo a parlarne meco stesso come, al caso, fossi per vedermela innanzi sortita d'un balzo dal ritratto...» (*OL1*, 472)

Il protagonista si muove per pagine e pagine (e noi lettori dietro a lui) in un labirinto di stanze e corridoi, tra porte finte, cunicoli, passaggi segreti, sotterranei alla ricerca di questa misteriosa presenza, ma senza che accada veramente nulla di fantastico. Questo, quando alla fine viene introdotto (per poi scomparire subito e definitivamente dalla storia), si configura come un pezzo di bravura un po' manieristico, frutto della collazione di stereotipi occultistici e spiritistici, alchemici e gnostici: la messa nera, l'invocazione del vecchio, durante la tempesta, alle forze occulte della notte e la reincarnazione di Lucia-madre in spettro, in «immonda larva»:

> «Per un attimo mi fissò. [...] Era vestita come lei nel ritratto; recava al collo il suo vezzo, che prima avevo veduto sul tavolino. Quelli erano i suoi occhi, la sua bocca, i suoi capelli, le sue spalle; eppure non li riconoscevo. [...] Ogni suo lineamento e tutto il suo essere spiravano protervia, un'abbietta protervia, e anzi una collera ontosa. Questo era, per ogni segno, uno spirito d'inferno, una immonda larva.» (*OL1*, 492)

In questo modo viene rovesciata la struttura classica della narrazione fantastica dove appunto – pur preparata più o meno a lungo da indizi o elementi perturbanti – è l'irruzione del sovrannaturale a creare l'atmosfera di esitazione e inquietudine. E' evidente che il vagare, o meglio, divagare del suo protagonista per l'oscura e labirintica casa, in un gioco di sguardi tra chi osserva e chi è osservato, interessa molto di più all'autore che non la soluzione poi trovata al mistero e cioè il fatto fantastico in sé (l'apparizione dello spettro di Lucia-madre).

Si tratta, come si può vedere, di una struttura fortemente sbilanciata, dove l'interesse della narrazione non sta tanto in quanto viene alfine scoperto dal protagonista dietro l'ultima porta, ma in tutto ciò che viene prima. *Racconto d'autunno* si configura quindi come un testo dove i particolari predominano sull'insieme, gli effetti sulle cause, l'itinerario della ricerca nel labirinto di corridoi e stanze della casa è più importante del fatto sconvolgente e inspiegabile che alla fine viene a coronare tale ricerca.

Ne risulta un fantastico di atmosfera, quasi senza nucleo. Un fantastico che difatti scompare appena apparso e non ha nessun ruolo nella seconda parte del racconto, lasciando nel lettore il sospetto che sia un pretesto per parlare d'altro. Questo «altro» sembra essere l'universo chiuso e asfittico della casa, universo in cui il protagonista del romanzo sembra trovarcisi tanto bene da voler prolungare quasi all'infinito la sua esplorazione.

Come abbiamo visto, la recinzione è ingrediente ricorrente del romanzo gotico e fantastico ottocentesco, ma in Landolfi acquista il carattere di archetipo biograficamente motivato. La «casa avita», o «dimora», o «maniero», o «cupo castello», o «ricetto» – per usare solo alcuni dei molti sinonimi utilizzati dal nostro per definire il «nido vitale» e cioè il palazzo natale di famiglia a Pico[1] – ha un ruolo assolutamente centrale nell'immaginario landolfiano. Essa rappresenta il «cerchio chiuso entropico e insulare»,[2] il luogo originario e materno, matrice e radice di ispirazione poetica. Ed essa va sovrapposta alle altre due immagini sempre ricorrenti nella sua opera: la figura della madre, simbolo di vita e insieme di morte, e la parola «assiuolesca», incorrotta e primordiale.

Ma come verso l'immagine materna, benefica e terribile allo stesso tempo, e come verso la parola, sentita insieme come falsa e come unica «vera» realtà, anche verso la casa natale Landolfi ha rapporti ambivalenti e complessi, di attrazione e repulsione allo stesso tempo. Essa viene ad un tempo a simboleggiare la «perenne e vana nostalgia di una vita migliore» e insieme il rifiuto di questa vita. Essa inoltre costituisce, dalle prime prove giovanili fino a quelle della vecchiaia, la scenografia privilegiata dove far muovere i suoi inetti e deliranti protagonisti.

---

[1] Nel suo spoglio, Macrì (1990), p. 8 conta più di trenta diverse denominazioni ricorrenti nell'opera di Landolfi per la casa natale, compreso il dantesco «lustra».
[2] *Ibid.*, p. 8.

La parola, lo scrivere, la poesia sono indissolubilmente legati alla casa materna, tant'è vero che, come ci testimonia la figlia Idolina, è alle stanze fredde e solitarie del grande palazzo picano che Landolfi deve periodicamente tornare per poter scrivere le sue opere. Nessuna altra dimora oltre quella natale risulta valida per l'ispirazione e per la creazione letteraria. Essa è simbolo dell'identità stessa dell'io e dell'attualità della scrittura e non a caso nell'ultima pagina de LA BIERE DU PECHEUR Landolfi s'immagina di perire con lei come Roderick Usher con la sua casa:

> «Oggi pioveva forte e insistente, non solo fuori, ma dentro da molte parti. Pioveva per la scala a chiocciola, dalla volta sotto la scala esterna, in alcune stanze; sulle pareti si espandevano grandi macchie, altre sulle tele delle soffitte, acqua grondava lungo il filo delle pareti, s'infiltrava di sotto e tra le imposte. E penetrava fino a mezzo sguazzante il grande scroscio, il rombo delle piene. Questa pioggia non era purificante, era corrompente; non scioglieva i pensieri, li inzuppava e appesantiva. Essa macerava fin nel midollo, sconnetteva pietra per pietra quanto resta di questa vecchia casa. La quale un giorno non lontano si fenderà a mezzo e lentamente rovinerà seppellendo il suo solitario abitatore; e di tra la fenditura si sarà mostrata una lingua rossa; insomma, come la casa di Roderigo Usher. Ebbene? Non è bello che io muoia con lei, o lei, con me?» (*OL1*, 668)

Da questo punto di vista anzi la creazione di *Racconto d'autunno* può essere vista come una tipica rielaborazione del lutto. Durante la guerra Pico (a pochi chilometri da Cassino) fu a lungo al centro di aspri combattimenti, il palazzo dei Landolfi fu bombardato e danneggiato; servì poi da rifugio agli sfollati e da sede del comando prima delle truppe tedesche e poi degli alleati i quali lo saccheggiarono degli arredi e dei libri più preziosi della vasta biblioteca. E' del trauma che la «profanazione» della casa natale suscita in lui che parla Landolfi quando, nelle ultime righe del racconto, il protagonista descrive lo stato in cui gli appare l'antica dimora al suo primo ritorno dopo la morte di Lucia:[1]

---

[1] L'immagine della casa quasi creatura vivente stuprata e fatta morire ritorna più volte negli scritti successivi di Landolfi. Vedi per es. il raccontino autobiografico *Quattro casce* in *Ombre* (ora in *OL1*, 761) o la poesia di *Il tradimento*, (Rizzoli,

> «Quel luogo aveva dovuto divenire per un tempo posizione difensiva e la casa fortilizio, che i colpi avversi non avevano risparmiato. Essa giaceva sventrata, mostrando le sue viscere, sorpresa dalla luce nei suoi più intimi segreti, nei suoi cunicoli, nei suoi passaggi un tempo nascosti entro lo spessore delle vecchie muraglie, in quanto rimaneva delle sue suppellettili, gelosamente sacre un tempo alcune, delle sue tappezzerie che ora pendevano come lembi di carne disseccata: lamentevolmente vuota del suo mistero, che era come il suo sangue, trapassata dal cielo.» (*OL1*, 514)

Come la casa avita è, per tutto il corso dell'opera landolfiana, un'immagine ambivalente, insieme «culla» e «prigione» (ritornerà infatti sotto queste ultime spoglie in *Cancroregina*), anche la figura femminile che in *Racconto d'autunno* è l'anima stessa di questa casa ha una doppia valenza.

Essa anzi viene qui a sdoppiarsi in due figure femminili opposte: la Lucia-madre, che ritorna come malvagia e immonda larva (e sembra per certi versi anticipare la descrizione del terribile ritratto della madre di *Des mois* che ho citato precedentemente), e la Lucia-figlia che il padre ha sequestrato e vestita alla moda antica perché servisse come surrogato sostitutivo della madre morta.

Anche Lucia (nome di dantesca e manzoniana memoria), come Gurù, s'innamora follemente dell'anonimo protagonista. Anche Lucia, come Gurù, è una specie di maga che ogni tanto si mette a recitare formule cantilenanti in latino. Anche Lucia, come Gurù, è una «diversa», marcata dall'epilessia e da una sensibilità morbosa. Anche Lucia, come Gurù, sembra possedere un'intelligenza e sensibilità naturale («so tante lingue, sai? e so leggere tutti i libri») che le permettono di intuire e comprendere il linguaggio della natura; anche lei si esprime in monologhi dal tono cantilenante, da nenia magica:

> «E come farei altrimenti a capire tutto tanto bene, a udire tutto nella notte, fin lo strisciare delle bestie furtive nel sotterraneo, a riconoscere all'odore gli

---

Milano, p. 49) dove Landolfi parla di «Tudeschi, plebe, ladri / Tempo, morte, corruzione / Sono i flagelli caduti / Sul Ricettacolo dei sogni; / E cieche strida di femmine/ E vile pianto di bambini. /E ciò ch'era geloso e segreto / Si fece pubblico ed impronto; [...]». Per altre testimonianze di Landolfi sul periodo bellico a Pico si rimanda alla *Cronologia* della figlia Idolina in *OL1*.

> uomini, gli animali e le cose? [...] Io sento in queste vene azzurre, qui, qui, ma dove guardi! giù verso il polso, [...] sento se un albero è crollato per il peso della neve lassù nella foresta! e qui nelle tempie sento il vento, anche il vento lontano sulle cime, o su quelle altre montagne... Ma cosa non sento e non odo! Sento i rumori che qualcuno voleva fare, ma che non ha fatto, sento l'odore dei morti, non l'odore cattivo, quello buono. [...] Che cosa non odo! Odo il gesto che ciascuno sta per fare, la parola che dirà; odo quello che pensa; ah ah, non v'illudete, signore.» (*OL1*, 449)

Anche Lucia, come Gurù e come la donna nella pozzanghera, è uno di quei personaggi landolfiani che hanno a che fare con il linguaggio. La sua voce «melodiosa e profonda», dopo anni di silenzio, è un flusso di parole senza nessi logici dove ogni frase contraddice la precedente.[1] E tuttavia il protagonista sente «in quel suo modo allusivo e contratto, nonché sfuggente di esprimersi» qualcosa di profondo e sconvolgente:

> «Quel che ora soprattutto mi stupiva in lei, per tacere della sua straordinaria chiaroveggenza, della sua precisa coscienza di sé e della propria condizione passata e presente, dei propri sentimenti, era una ricchezza di giudizio, seppure normalmente dubitativa, che non so donde avesse potuto attingere.» (*OL1*, 501)

Sa tante lingue Lucia, ha letto tanti libri, ma riesce a comunicarli solo in una lingua passata, d'epoca, appresa dal padre;[2] una lingua che sembra fare il verso a quella delle eroine del teatro d'annunziano e decadente. Sacrificandosi per lui, gli si nega definitivamente. La «lingua assiuolesca» è di nuovo irraggiungibile.

---

[1] «Parlare, parlare, parlare! Parlare dopo tanti anni, no, per la prima volta! E vedere la luce aperta, uscire a parlare con uno, cioè con un altro, con te! Con te, caro. Come vuoi che sappia parlare perbene, come voi?» (*OL1*, 499-50)
[2] «Lo so, capisco tutto, ho detto, lo so che il mio modo di parlare è un po' antiquato... Soltanto da loro, ma no, soltanto da lui ho imparato a parlare.» (*OL1*, 500)

7. Prigioniero di una bizzarra astronave: *Cancroregina*

Fin dalle prime righe di *Cancroregina*[1] il lettore si trova catapultato in un mondo di delirio e di follia. La data in alto a sinistra ci dice che ci troviamo di fronte un diario, ma fin dalle prime righe ci domandiamo se non sia il diario d'un pazzo. Il narratore ci comunica informazioni che non possiamo non ritenere sconcertanti e inattendibili. Egli ci dice di trovarsi in uno spazio angusto e claustofobico, alle prese con un «infernale macchinario» fatto di «grappoli, fasci, grovigli di elementi d'acciaio»; in un luogo indeterminato tra la terra e la luna, seguito implacabilmente dal cadavere di un ucciso. Chi mai sarà questo alterato personaggio e dove mai si troverà? La sua deve essere comunque un'esperienza ai limiti dell'umano perché egli ha un estremo bisogno di raccontarla:

> «io sento il bisogno di raccontarla questa storia, di raccontarla dal principio. A chi e perché? Per giustificarmi forse? E di che? A chi, dico, dovrei inviare questo messaggio? E supposto anche che raggiungesse gli uomini, quale utilità potrebbero essi ricavarne?» (*OL1*, 519-20)

A questo punto un asterisco segnala la presenza di un'ellissi nella narrazione; la forma-diario scompare e lascia il posto a un lungo *flash back*, che occupa quantitativamente all'incirca metà del testo, dove lo stesso narratore, questa volta in maniera apparentemente più lucida, ci racconta a posteriori una storia straordinaria.

Una notte mentre sta leggendo, «solo e sconsolato», un antico libro, egli riceve la visita di una persona (di cui egli non conosce il nome e che più avanti «per comodità» chiamerà Filano) che gli dichiara apertamente di essere un pazzo fuggito dal manicomio, gli racconta di aver inventato una straordinaria macchina, capace di varcare lo spazio e di raggiungere la luna, e lo esorta a seguirlo su per la montagna, dove in una grotta ha nascosto la sua macchina prodigiosa.

---

[1] Scritto nel 1949, pubblicato su «Botteghe Oscure», IV, 1949, poi da Vallecchi, 1950; ristampato sempre da Vallecchi nel 1961 insieme ad altre cose nel volume *Racconti*, poi da Guanda, 1982 e 1991, ora in *OL1*, pp. 519-65 da cui si cita. Cfr. anche l'edizione Adelphi (1993) a cura della figlia.

L'anonimo narratore, che si caratterizza come una delle solite figure di protagonista impotente a forte tasso autobiografico (scrittore fallito, inetto ad ogni lavoro, pieno di debiti al gioco e di delusioni amorose, isolato nella casa antica dei padri) che costellano la produzione landolfiana, non crede all'esistenza di tale macchina, ma accetta passivamente l'avventura propostagli da Filano come espediente per uscire dal suo stato di apatia e poter finalmente credere in qualcosa se pure di così pazzesco come un viaggio verso la luna. Del resto – ci aveva comunicato poche righe prima – già di suo aveva accarezzato il «folle disegno» di lasciare, metaforicamente, questo mondo (cioè di suicidarsi):

> «Non mi preparavo io forse, o non mi studiavo di prepararmi, a lasciare il mondo? Ed ecco che egli pareva aver penetrato la mia intenzione e volerla favorire, sebbene in modo imprevedutamente letterale.»(*OL1*, 523)

Dopo aver raggiunto la grotta sulle montagne, dove veramente si trova la macchina prodigiosa inventata da Filano, e dopo alcuni giorni dedicati a vari preparativi, il viaggio verso la luna ha inizio. Cancroregina, questo il nome dell'astronave inventata da Filano, si innalza pigramente nello spazio e tutto sembra all'inizio procedere per il meglio. Ma nel chiuso della navicella spaziale Filano comincia sempre più a dare segni di squilibrio mentale, di vera e propria mania di persecuzione, finché, per non essere ucciso a sua volta, il narratore, lo uccide e lo getta nello spazio. Prima di morire però Filano ha spostato una leva dei complicati meccanismi di Cancroregina (solo a lui noti), essa ha deviato dalla sua rotta e, come un minuscolo satellite, si è messa a girare in orbita intorno alla terra, seguita dal cadavere di Filano:

> «Filano non era affatto precipitato, ma seguiva la sua creatura nello spazio fedelmente, oh fedelissimamente. Filano, [...] con gli occhi sbarrati, recando, dico, ancora sul volto l'orribile, la feroce smorfia che era stata l'ultima espressione di lui vivente, seguiva, segue Cancroregina nello spazio; segue nello spazio infinito e nell'eternità me, suo uccisore.» (*OL1*, 545)

Nuovo scarto temporale e la narrazione riprende al punto in cui era stata interrotta, di nuovo in forma di diario. Il narratore è rimasto ora solo all'interno di Cancroregina a girare eternamente intorno alla terra. Egli si ritrova nella stessa situazione in cui era all'inizio della storia: «solo e senza speranza», in uno spazio chiuso (allora la casa paterna, ora le «viscere» di Cancroregina); come allora impotente ad agire e ad incidere sull'ambiente che lo circonda, in uno stato intermedio tra la vita e la morte del tutto identico a quello iniziale di apatia e di noia.

Da qui in avanti la narrazione procede, sotto forma di lacerti di diario, tra ellissi di senso e mancanza di motivazioni logiche in maniera sempre più frammentata e farneticante, e sembra segnare il progressivo deteriorarsi della mente del protagonista:

> «Non ho detto che me lo sentivo? Sono morto da due giorni. Però niente è cambiato, aveva ragione lei. Eh, se l'avessi saputo che era così facile e che niente doveva cambiare sarei morto prima. Ma per far che, se niente doveva cambiare? Beh, non so, ma mi pare che sia, in tutte le maniere, meglio esser morti che vivi.»
> (*OL1*, 565)

Alla fine riappare di nuovo il binomio «solo e senza speranza» seguito da una serie di puntini di sospensione sottolineando così la natura circolare e aperta del romanzo – una cornice diaristica raccolta intorno al lungo *flash back* narrativo – e la situazione di stallo, di non sviluppo del protagonista.

Sul piano dell'enunciazione si tratta di una struttura narrativa a scatole cinesi molto raffinata che vuole coscientemente sconcertare il lettore. Colui che dice «io» nel testo ci dà fin dal primo momento l'impressione di essere pazzo, ma, a partire dal *flash back*, a sua volta introduce un altro personaggio, questo sì, per sua stessa dichiarazione, pazzo davvero. E tuttavia questo personaggio folle ragiona piuttosto bene; afferma subito, quasi come un teorico dell'antipsichiatria degli anni Settanta, che pazzia e normalità sono concetti relativi e sottopone il nostro narratore (e il lettore con lui) a sottili ricatti psicologici, convincendolo alla fine, se non della sua normalità, almeno della sua genialità.

Il lettore si trova in una situazione di incertezza: chi è il vero pazzo, il narratore o Filano? Quest'ultimo non potrebbe essere una creazione della mente malata del narratore e quindi una proiezione della sua pazzia? Oppure è Filano a contagiare il narratore, da parte sua già predisposto alla pazzia? Che si possano nutrire dubbi sulla salute mentale del narratore ce lo dice indirettamente lui stesso quando ci racconta della visita che gli fa il direttore del manicomio da cui è evaso Filano, il quale gli parla come se «parlasse a un suo ammalato» e lo guarda «con occhio da conoscitore».

Elementi fantastici sono disseminati a piene mani in tutta la prima parte del *flash back*: l'ascensione sulla montagna con tanto di superamento dell'abisso e la descrizione della grotta dove è nascosta Cancroregina che rimandano a paesaggi e ambienti da *gothic novel*; la sensazione di inquietudine e di paura del narratore; i suoi stati d'animo, a forte valenza ossimorica, di attrazione e di repulsione verso Filano e Cancroregina; la capacità proiettiva del linguaggio e la presa alla lettera di una metafora. Poi, il racconto, con l'introduzione del tema della macchina e del viaggio spaziale, sembra piegare verso il meraviglioso fantascientifico. Ma, a mio avviso, non c'è niente che permetta veramente di attribuire al romanzo l'etichetta di «fantascientifico».

La *science fiction* è una modalità narrativa che ipotizza un mondo futuro il cui paradigma di realtà contempla sviluppi scientifici a noi sconosciuti. Essa costruisce un universo fittivo estrapolato dal nostro che porta alle estreme conseguenze conoscenze scientifiche più o meno note o ipotizza come reali esiti possibili ma improbabili o non ancora sperimentati di odierne teorie scientifiche. In questo modo la fantascienza tratta avvenimenti che secondo l'odierno paradigma di realtà sono impossibili (navi spaziali intergalattiche, macchine del tempo, robot quasi umani, ecc.) come se fossero scientificamente e razionalmente possibili. Una volta accettato questo presupposto la narrazione si sviluppa in maniera del tutto normale e logico-razionale. La *science fiction* non mette così in scena nessun conflitto tra «fantastico» e «reale». Il lettore di fantascienza non esita, ma al contrario, si abbandona al piacere della narrazione.

Da qui il carattere prevalentemente escapistico o di intrattenimento della fantascienza – genere narrativo generalmente ottimistico e pieno di fiducia nel futuro (anche se esistono rilevanti versioni «al negativo» che problematizzano questa fiducia) – oppure la sua vena utopica o antiutopica che sia. Tra le caratteristiche centrali del discorso fantascientifico sono la forte presenza di un lessico tecnico-scientifico e uno stile fortemente marcato da quest'elemento; il piacere di descrizioni accurate e precise di paesaggi spaziali, di androidi e alieni, di macchinari e strumenti di bordo supertecnologici; la spiegazione accurata di teorie scientifiche o pseudoscientifiche.

Niente di tutto questo è presente nel romanzo di Landolfi dove invece il narratore-protagonista ammette subito di non essere in grado di spiegare i principi tecnico-scientifici della macchina spaziale; dove la lingua ha sempre un alto tasso di metaforicità e abbondano i soliti vocaboli rari e arcaici cari a Landolfi («lustra», «epa», «opercolo», «famedio») e dove le rare descrizioni spaziali non sono tenute in una lingua «scientifica» ma accostano invece elementi semantici impropri al limite del *non-sense* che ne denunciano tutta la (meta)letterarietà.[1]

Ma soprattutto Cancroregina è un'astronave del tutto irreale. L'ordigno costruito da Filano per raggiungere la luna non ha nulla dell'astronave *streamlined* dei racconti di *science fiction* (a cominciare dal bizzarro e ossimorico nome, invenzione di sapore barocco), ma sembra anzi un reperto di archeologia industriale. Invece di guardare al futuro, guarda irrimediabilmente al passato e il suo *design* fa pensare più al Nautilus di Jules Verne che agli *special effects* delle ipertecnologiche navi spaziali di *Star Wars*. Filano la chiama «la mia figlia viscerale» ed essa infatti sembra essere animata da una sua propria e bizzarra personalità.[2] Più avanti essa addirittura parla, ma non con il linguaggio asettico e metallico del computer HAL del film *2001 A Space Odyssey*, ma con un linguaggio bizzoso e beffardo che si esprime in suoni inarticolati che provengono da organi di un corpo umano:

«IO: Ti deciderai finalmente a smettere questa inutile
corsa e a posarti da qualche parte?

---

[1] Così per esempio vengono descritti gli abitanti della luna: «Il terzo piede è come d'avorio nei maschi angioini, come di madreperla nelle femmine di Luco. Ciò che più colpisce è la straordinaria serenità dei loro capelli. Della salpingità buona degli sguardi e delle fronti non parlo nemmeno.» (*OL1*, 562)

[2] «Era questa una macchina di umor bizzarro, tale almeno sembrava a me dai suoni che emetteva mentre Filano attorno ad essa lavorava, dai suoi sbuffi e dalle sue varie reazioni; a me, dico, che poco o punto conoscevo le sue multiformi e complicate viscere»; «Pare dunque che essa si muova, [...] emettendo davanti a sé atmosfera, del tipo poniamo terrestre, alla quale, per così dire, di atimo in atimo si aggrappa»; «la si deve periodicamente alimentare, per una sua interna e vorace bocca...»; «Cancroregina brontolò un poco, sternutì, sbadigliò pigramente...» (*OL1*, 534-36)

> CANCROREGINA (dal fegato, con voce di melma e di caratello): No.
> IO: ma io ti costringerò a farlo.
> C: Crr, frr, trr, hu hu, muu, bof, bof, cra, trututùc, patatràc.[...]
> IO: Ma vediamo non c'è maniera di metterci d'accordo? Non hai un cuore tu? Non senti pietà, se non di te stessa, di me?
> C (*dalle ovaie, con voce di stramonio*): Rispondo per ordine a tutti e tre i quesiti: no, no e no.
> IO: Maledetta baldracca, puttanaccia guercia, ora vedrai!
> C: Fff, sss, zzz.
> IO: No, no, che fai! No, ragioniamo perbenino. [...]
> C (*dalle trombe di Falloppio, zenzerinamente*): Di' un po', con chi ti pare che fornichi, io, che mi dai di baldracca? Tu, invece, hai tante amanti e nessuna amica, o almeno moglie.» (*OL1*, 563)

Denunciando chiaramente tutto il suo DNA letterario, la sua natura di macchina d'epoca e di simbolo privato,[1] Cancroregina opera nella direzione dello straniamento, mettendo in crisi il fondamentale ottimismo epistemologico della fantascienza. Se di fantascienza si tratta in *Cancroregina* è di una fantascienza citata e strumentale; una fantascienza usata anch'essa come pretesto per parlare d'altro.[2]

---

[1] Con le sue «viscere» e i suoi «organi», Cancroregina altro non è che una variante al negativo del personificato «maniero» di *Racconto d'autunno*.

[2] Come nota Macrì (1990), p. 122, Landolfi ignora la moderna *science fiction* novecentesca. I motivi fantascientifici, che cominciano a fare la loro comparsa nell'opera del nostro a partire dai tardi anni Trenta, denunciano un carattere arcaico e pretecnologico e rimandano invece a quella che sembra essere la vera fonte di ispirazione di Landolfi: il genere utopico sei-settecentesco, da Jonathan Swift a Giacomo Leopardi passando per il Giacomo Casanova del romanzo utopico in francese *Isocameron* (1788). In Landolfi la fantascienza è sempre un pretesto per parlare ironicamente del presente e per una riflessione di tipo filosofico (come nel romanzo utopico). Vedi per esempio *Mezzacoda* (*In società*, ora in *OL2*, pp. 129-33) dove si ipotizza una società in cui le donne hanno la coda, la cui forma e aspetto acquista il carattere di *status symbol* sociale. Oppure *Asfru* (*Il Mar delle Blatte*, ora in *OL1*, pp. 265-70) dove un viaggio intergalattico si svolge nello stesso modo banale di un viaggio in autobus. Altre volte viene attuato una specie di «rovesciamento di prospettiva» come in *Nuove rivelazioni della psiche umana. L'uomo di Mannheim* (*La spada*, ora in *OL1*, pp. 329-45) dove, alla maniera dei film del ciclo *Il pianeta delle scimmie*, viene descritto un mondo in cui l'umanità è regredita a uno stadio pre-linguistico e i nuovi dominatori, i cani, replicano gli stessi pregiudizi della razza umana. Cfr. anche *S. P. Q. R.* e *Un*

L'esitazione (tra meraviglioso e strano) viene quindi rilanciata nella seconda parte del testo e permane nel lettore anche oltre la fine del romanzo. Il diario è l'angoscioso documento di un solitario astronauta perduto nello spazio o è frutto di pazzia? Esistono veramente le «cose» (senza nome) che a un certo punto si materializzano nella cabina spaziale,[1] oppure sono allucinazioni di una mente malata? Il linguaggio frantumato e deformato, al limite del *non-sense*,[2] con cui si esprime il nostro è dovuto agli influssi astrali e alle condizioni fisiche estreme in cui si trova l'astronauta o è frutto di pazzia? Sono insomma da ritenersi veri l'inquietante scienziato, l'ordigno animato Cancroregina e il viaggio verso la luna (nel qual caso si piegherebbe verso il meraviglioso), oppure Filano e tutto il resto non sono altro che visioni deformate di una mente malata (nel qual caso rientreremmo nello strano)?

Nella prima edizione del romanzo, Landolfi aveva scelto quest'ultima soluzione. Dopo la parte finale diaristica seguiva infatti una terza parte (poi per volontà dell'autore espunta a partire dalla seconda edizione del 1961[3]), in forma di dialogo teatrale (accentuando così il carattere di ibrido del testo dal punto di vista formale), a incorniciare ulteriormente il racconto.

In questa parte vi si affermava il carattere immaginario di tutta la storia, che risultava essere frutto del delirio di un pazzo rinchiuso in manicomio, facendo così venir meno l'esitazione e indirizzando la

---

concetto astruso in *Racconti Impossibili*, ora in *OL2*, pp. 609-15 e 624-549) e le osservazioni sulla fantascienza in *Rien va* (*OL2*, 355).

[1] «Mi sono usciti dalla bocca, dal naso, dagli orecchi, dall'ombelico e dall'ano; qualcuno anche, ma molto più piccino dagli occhi e dal cinci. Sono i più, neri e lustri; peccato che puzzino; quelli che ho assaggiato sanno di formica, di ferro e di petto femminile. [...] Però sembrano immortali, e ciò mi preoccupa alquanto. [...] Li ho sterminati tutti con un sistema ingegnoso [...] Il principio generale era in sostanza questo: essendo loro immortali, per ammazzarli io dovevo sorprenderli, cioè non dar loro il tempo di non morire. [...] Adesso però ho questi altri, o queste altre, tra i piedi. [...] e ogni tanto mi vien fatto di toccare per l'aria certe grosse forme, delle volte grossissime, intollerabili e impossibili, credo, da inghiottire, simili a mammelle o a fianchi di donna, ma pelose sebben liscie e gradevoli al tatto.» (*OL1*, 559-61)

[2] «Mangiato sesquipedale e draglia scopo combattere anguria [...] mangiato serqua (n. 12) palle gomma, martellantimi cervellotto loro incessante saltellamento.» (*OL1*, 561-6). Un altro tipo di *non sense* sono «le associazioni meramente verbali», come le chiama il protagonista osservando lo stesso fenomeno in Filano. Esempi a pp. 564-5.

[3] La si può leggere nella nota al testo di Idolina Landolfi in *OL1*, 1010-12 e nell'edizione Adelphi, pp. 101-103.

narrazione nella direzione dello strano. Espungendo dal romanzo quest'ultima parte, con la sua spiegazione razionale, Landolfi riapre la partita, lasciando irrisolte a combattersi sul terreno le varie componenti testuali presenti in *Cancroregina*: il fantastico, lo strano, la follia, il meraviglioso utopico o (pseudo)fantascientifico, la confessione autobiografica, il gioco metalinguistico, l'effetto d'apocrifo.

Queste ultime due componenti poi sono presenti in maniera così massiccia nel testo da farci sospettare che tutto l'armamentario del fantastico non sia in realtà per Landolfi altro che un pretesto per parlare come al solito di letteratura.

Forse in nessun altro testo di Landolfi l'effetto di apocrifo è così esibito come in *Cancroregina*. Le allusioni e le citazioni, dirette o nascoste, sono così numerose da rendere questo romanzo un classico esempio di ipertesto che rimanda ad almeno tre ipotesti principali, più altri riferimenti e citazioni spicciole. Il discorso fantastico rivela la sua natura metaletteraria, di discorso sopra il racconto.

I ragionamenti sconnessi del narratore richeggiano piuttosto da vicino quelli di *Diario di un pazzo* di Nikolaj V. Gogol (il quale viene del resto esplicitamente nominato nel testo), che Landolfi aveva tradotto qualche anno prima. La situazione iniziale in cui si trova il narratore è ripresa con minimi aggiustamenti da *The Unparallelled Adventure of one Hans Pfaal* di Edgard Allan Poe. Anche nel racconto dello scrittore americano il protagonista è triste e abbattuto e anche lui vuole farla finita e lasciare questo mondo, quando, leggendo una notte un libro di astronomia, decide improvvisamente di abbandonare sì il mondo ma per fare un viaggio in pallone verso la luna.[1]

Il riferimento allo scrittore di Boston è inoltre rafforzato dalla coppia *weak and weary* (in corsivo nel testo) all'inizio del *flash back*, diretta citazione dal poemetto *The Raven*, in funzione di rafforzamento dello stato d'animo spleenatico del nostro narratore e rimanda, insieme alla parola noia che compare nel testo scritta tutta in maiuscolo, indirettamente all'*ennui* dell'altro grande melanconico (e ammiratore di Poe), Charles Baudelaire.

Una vera e propria autocitazione è il nome di Filano: così si chiamava infatti un antenato di Giovancarlo ne *La pietra lunare*. Dei riferimenti a Verne abbiamo già parlato, resta da nominare la diretta,

---

[1] «I then finally made up my mind. I determined to depart, yet live – to leave the world, yet continue to exist – in short, to drop enigmas, I resolved, let what would ensue, to force a passage, if I could, *to the moon*.» Poe (1984), p. 14.

ma incompleta citazione, proprio all'inizio della seconda parte, di un distico da *Notizie dell'Amiata* di Eugenio Montale. E forse si potrebbero trovare altri riferimenti intertestuali.

Ora tutta questa interstualità non è semplice gioco manieristico o ironico, ma viene da Landolfi rovesciata negativamente, ha una funzione straniante nel testo. A differenza di Hans Pfall il nostro narratore non esce dal suo stato di apatia da solo, ma grazie all'improbabile Filano. Egli non agisce, ma si lascia trascinare e nel suo viaggio non raggiungerà mai la luna. Il documento che, come il suo ispiratore letterario, trasmette al mondo non è la relazione scientifica di uno straordinario esploratore, ma un delirante diario che tramanda solo la pena infinita di una vita non-vita.

A differenza di quello del diario gogoliano, che diventa pazzo davvero, del narratore-protagonista di *Cancroregina* il lettore, come abbiamo visto, non sa bene cosa pensare, dato che, espunta da Landolfi la terza parte dal romanzo, il lettore non può concludere esplicitamente se il narratore sia pazzo o no. Anche in questo caso viene così instaurata un'antitesi e un rovesciamento rispetto al senso dell'ipotesto, facendo coincidere pericolosamente malattia mentale e scrittura, follia e genialità, realtà e sogno, letteratura e vita.

Anche il distico di Montale, subito dopo essere citato, viene riscritto in senso negativo:

> «Ti scrivo dalla cellula di miele – d'una sfera lanciata nello spazio...» Eh sì: proprio così. Solo che, io non so che cosa il poeta intendesse con cellula di miele, ma è certo io dovrei perlomeno cambiare quell'emme in effe.» (*OL1*, 547)

segnalando così la differenza, anzi il vero e proprio rovesciamento tra ipotesto e ipertesto. Rovesciamento che non riguarda solo la differenza – a livello testuale – di stato d'animo tra l'io lirico della poesia e il solitario navigatore spaziale in eterna orbita intorno alla terra, ma, introducendo la figura extratestuale del «poeta», sembra acquistare un senso più ampio e contestare la possibilità che la letteratura possa avere una missione (prendendo implicitamente le distanze da Montale) e che possa comunicare altro che angoscia e inautenticità.

Non c'è salvezza nella letteratura, così come non c'è salvezza nella realtà. Neanche attraverso la letteratura ha successo l'eterna aspirazione landolfiana alla fuga dal mondo. L'esistenza è un «limbo» e

Cancroregina ne è la rappresentazione allegorica, dato che il suo protagonista finisce nella stessa situazione di stallo in cui si trovava all'inizio del racconto; in uno stato di non-vita e di non-morte, a metà strada tra il calore della comunità umana sulla terra e il freddo glaciale degli spazi lunari.[1]

In Cancroregina viene palesemente esibita una «coscienza del *déjà vu*»[2] che insieme ad una forte disposizione metalinguistica e metanarrativa (dimostrata dalla frequenza degli incisi, delle parentesi, delle interrogative dirette e indirette), agisce sui meccanismi stessi della rappresentazione destrutturando il fantastico. Prendiamo il passo seguente:

> «Essa era d'altronde la liberatrice, quella che sulle sue ali (del tutto metaforiche) doveva trasportarmi (non metaforicamente) fuori del mio ingrato mondo...»
> (*OL1*, 535)

Qui Landolfi, dichiarando esplicitamente che la metafora va presa alla lettera, non solo svela coscientemente i meccanismi costitutivi del fantastico, ma soprattutto attira l'attenzione del lettore sul fatto che non si esce dal linguaggio. L'esibizione della presa alla lettera della metafora non annulla infatti la finzione che le dà il via e rimanda così allo statuto retorico del testo. E' proprio quando la metafora sparisce come metafora per essere invece intesa non metaforicamente, che meglio si percepisce il suo carattere di finzione, anzi di doppia finzione, di «metafora di secondo grado, metafora di una metafora».[3] Landolfi denuncia così la natura fittizia della parola e nega che la letteratura possa riferire ad altro che a sé. La letteratura non comunica nulla che non sia la sua autoreferenzialità.

In questo modo l'omogeneità e la pertinenza del racconto fantastico vengono contraddette ed esso diviene pretesto per parlare di altro: del linguaggio, della sua opacità. E' il linguaggio a creare la realtà:

---

[1] Già Sereni (1973) aveva segnalato il carattere allegorico del testo e la «nausea» che Landolfi vi esibisce verso la letteratura, segnalando il carattere di «ibrido» del romanzo, che egli giudicava «incompiuto». Mi sembra invece che sia proprio questa incompletezza a dare al testo il suo carattere problematico e aperto, di moderno sperimentalismo.

[2] Carlino-Muzzioli (1984), p. 20

[3] *Ibid.*, p. 21 e Carlino (1998), pp. 129-131.

> «Il porrovio! Che bestia è il porrovio? Mi duole dirvi che io stesso non lo so, e la medesima cosa mi capita con la beca. Lui ha un'aria tra il tapiro e il porco o il babirussa, è quasi senza collo. [...] Da molto tempo la mia vita è ossessionata dalla ricerca o dalla sistemazione di parole. Il porrovio si aggira grigio tra le tenebre, il porrovio viene, va, il porrovio è una massa che io non posso inghiottire.
> Il porrovio non è una bestia: è una parola.» (*OL1*, 564)

Il fantasma è divenuto una parola e la parola si è fatta fantasma. Veri e propri «fantasmi linguistici»,[1] queste «parole viticci», come li definisce Landolfi stesso in *Des mois,* riescono a rendere l'orrore e l'angoscia dell'esistenza e della realtà meglio di quanto non facciano i mostri e i vampiri classici del fantastico ottocentesco.

---

[1] Amigoni (1997), p. 20.

8. Una Lolita di gomma: *La moglie di Gogol*

La figura di Nikolaj V. Gogol riappare di nuovo, questa volta come protagonista, in uno dei più famosi racconti brevi di Landolfi, *La moglie di Gogol*.[1] Anche questa storia presenta una grande quantità di ingredienti fantastici: un narratore-testimone che giura e spergiura sulla veridicità delle cose che descrive (come spesso avviene nel fantastico ottocentesco), la presa alla lettera di una metafora, una bambola vivente che è un'originale rivisitazione dell'Olimpia di *Der Sandmann* di E. A. T. Hoffmann e anticipa alcuni aspetti del carattere della Lolita di Vladimir Nabokov (e in tempi più vicini a noi dei replicanti femminili di *Blade Runner*), il grottesco, la follia e il delirio e infine una gran quantità di quelli che Todorov chiama i «temi del tu» (sadismo, misoginia, violenza, oscenità, feticismo e chi più ne ha ne metta).

La moglie di Gogol è una vera e propria «bambola», non metaforicamente, ma proprio letteralmente; una bambola di gomma, in cui sembrano materializzarsi tutti i sogni più segreti e inconfessabili del maschio: la donna (anche qui non metaforicamente) ridotta a oggetto, sempre disponibile, che si può manipolare a piacere, modificandone le forme, gonfiandola e sgonfiandola, decidendone il colore della pelle e dei capelli:

> «La cosiddetta moglie di Gogol, dunque, si presentava come un comune fantoccio di gomma, nudo in qualsiasi stagione, e di color carnacino o, secondo usa chiamarlo, color pelle. [...] Piuttosto, conviene dire subito che era altresì grandemente mutevole nei suoi attributi, senza però giungere, com'è ovvio, a mutare addirittura di sesso. [...] La ragione di questi mutamenti stava, secondo i miei lettori avranno già capito, in nient'altro che nella volontà di Nikolaj Vasilevic. Il quale la gonfiava più o meno, le cambiava la parrucca e altri velli, la ungeva con i suoi unguenti e in varie maniere ritoccava, di modo da ottenere press'a poco il

---

[1] Scritto nel 1944, pubblicato in «Città», n. 5, 1944 poi in *Ombre*, Firenze Vallecchi 1954, ora in *OL1* pp. 679-89 da cui si cita. E' anche tra quelli antologizzati da Calvino (1982).

tipo di donna che gli si confaceva in quel giorno o in
quel momento.» (*OL1*, 680)

Caracas, questo lo strano nome che Gogol-personaggio ha dato alla
sua altrettanto strana consorte, ci viene descritta fin nei minimi
particolari. Essa è per i suoi tempi (il racconto è ambientato nella
Russia della prima metà dell'Ottocento) una vera diavoleria tecnologica; con tanto di scheletro (di ossa di balena), valvole dislocate
strategicamente e organi genitali ingegnosamente disegnati anticipa
le moderne versioni di bambole gonfiabili in mostra nelle vetrine di
ogni *sex shop* che si rispetti. E tuttavia, come gli automi della tradizione fantastica a cui si ispira, la poliforme Caracas manifesta a poco a
poco una sua personalità e voglia di emancipazione:

«Ma insomma pare che la donna principiasse in quel
torno a manifestare velleità d'indipendenza o, come
dire, d'autonomia. Nikolaj Vasilevic aveva la bizzarra
impressione che colei andasse acquistando una propria,
sebbene indecifrabile, personalità, distinta dalla sua, e
gli sfuggisse per così dire di mano.» (*OL1*, 683-4)

All'inizio questa sua voglia di indipendenza si manifesta in atteggiamenti dissacratori e in una puerile volontà di scandalo, ma a poco a
poco essa manifesta caratteri inquietanti e ostili, un'anima cupa e
bigotta che ha una deleteria influenza sul carattere del protagonista,
il quale del resto fin dall'inizio mostra di avere per lei un rapporto di
odio-amore. Gogol giunge addirittura ad accusarla di averlo contagiato con un'immonda malattia, finché, in preda ad una profonda crisi
di disperazione, decide di farla fuori, gonfiandola con la pompa
all'inverosimile e facendole, di nuovo alla lettera, esalare l'ultimo sospiro. Dopo di che ne brucia i resti nel camino, insieme ad un pupattolo di gomma che a sentire il narratore è il figlio che Caracas gli
ha dato.[1]

---

[1] «In verità se volevo *vedere*, era perché avevo già *intravisto*. Ma solo intravisto, epperò non dovrei forse osare ulteriori referti, né introdurre un malcerto elemento in questa veridica narrazione. Eppure, una testimonianza non è completa se il testo non riferisce anche ciò che gli è noto non di sicura ragione. In breve quel qualcosa era un bambino. Non un bambino in carne e ossa, si capisce, alcunché piuttosto come una pupattola, o un bamberottolo, di gomma. Alcunché, infine, che in apparenza si sarebbe detto il figlio di Caracas. Avrò anch'io avuto il delirio?» (*OL1*, 688)

Colui che ci racconta tutte queste cose inquietanti e straordinarie non è il protagonista Gogol stesso, ma il più classico narratore-testimone, figura che nel fantastico classico è garante di fronte al lettore della veridicità degli avvenimenti straordinari a cui assiste. Egli fa di nome Foma Paskalevic e si dichiara amico e biografo del protagonista; anzi la narrazione stessa, iniziando in *medias res*, si configura come un brano di una biografia di Gogol già scritta, con cui l'autore asserisce non essersi prefisso altro scopo che quello di tramandarne, con scrupolo filologico e completezza documentaria (chiaro espediente per attribuirsi maggiore credibilità di fronte al lettore), le gesta.

E tuttavia anche per il biografo la «vera» natura della moglie di Gogol è un argomento piuttosto scottante che gli crea notevoli scrupoli di coscienza:

> «... Giunto così ad affrontare la complessa questione della moglie di Nikolaj Vasilevic, un'esitazione mi prende. Avrò io il diritto di rivelare quanto a tutti è ignoto, quanto lo stesso mio indimenticabile amico tenne a tutti celato (e ne aveva le sue buone ragioni), quanto, dico, servirà senza dubbio alle più malevole e balorde interpretazioni; senza neppure contare che offenderà forse gli animi di tanti sordidi e preteschi ipocriti, e, perché no, qualche anima candida davvero, se è che ancora se ne dànno? Il diritto, da ultimo, di rivelare cose davanti a cui il mio medesimo giudizio si ritrae, quando non pende dalla parte d'una più o men confessata riprovazione?» (*OL1*, 679).

Tranne che in un caso, tutto ciò che Foma Paskalevic ci racconta a proposito di Caracas o è riassunto di quanto gli ha confidato Gogol (sulla sanità mentale del quale il lettore ha tutto il diritto di dubitare), oppure, come lui stesso più volte sottolinea, potrebbe essere frutto della sua propria suggestione di fronte allo stato d'esaltazione dell'amico.

Alla fin fine Caracas potrebbe davvero essere un semplice fantoccio di gomma, creato da chi sa quale geniale artigiano e la sua natura di essere animato semplice frutto del delirio e delle ossessioni di Gogol (con il che il racconto si situerebbe nel campo dello strano). Se non che il nostro testimone afferma di aver sentito lui stesso, anche se una sola volta, Caracas parlare:

> «La prima, dico, e ultima volta che udii Caracas parlare, fu a una certa serata rigorosamente intima, trascorsa nella stanza dove la donna, mi si passi il verbo, viveva; [...] Là dentro eravamo, s'intende, soltanto noi due, o tre. [...] Quando disse di punto in bianco, con voce estremamente rauca e sommessa, da Venere nel Toro: – Voglio fare popò – Sobbalzai, credendo aver traudito, e la guardai: stava seduta su un mucchio di cuscini contro la parete ed era quel giorno una tenera beltà bionda, piuttosto in carne. Il suo volto mi parve aver assunto un'espressione tra maligna e furbesca, tra puerile e beffarda.» (OL1, 682-83)

La maliziosa frase di Caracas viene quindi ad acquistare una funzione equivalente a quella del più classico «oggetto mediatore» mantenendo apparentemente il racconto all'interno del territorio fantastico.

Così tra, da una parte, descrizioni accurate e precisissime di ogni particolare anatomico di Caracas, delle strane manifestazioni della sua personalità e dello straordinario contagio da lei operato su Gogol,[1] e, dall'altra, la consapevolezza di essere in una posizione difficile (sottolineata dai continui incisi fàtici «dico», «come dire», «per così dire») rispetto alla credibilità dei fatti narrati, si svolge la strategia enunciativa del nostro narratore-biografo a cui è demandato il compito principale di tenere desta l'esitazione del lettore.

E' un compito però che non può non fallire. Il lettore infatti non può assolutamente accettare ciò che il biografo racconta. E' l'autore stesso dietro le spalle a giocargli un brutto tiro. Il protagonista del racconto infatti non è un personaggio qualunque, ma un celebre scrittore e la sua identità non è lasciata incerta e ambigua, ma presenta al contrario molti tratti che furono dello scrittore russo (a cominciare dal «bruciamento delle vanità», cioè il rogo del manoscritto della seconda parte delle *Anime morte*, fino alla misoginia e ai deliri mistici degli ultimi anni della sua vita, per non nominare la polemica che divise Gogol dal suo interprete Vissarion G. Belinskij).

---

[1] «Caracas si ammalò di un morbo vergognoso, o almeno se ne ammalò Gogol, che pure non aveva né ebbe mai contatti con altre donne. Come ciò avvenisse e donde provenisse la sozza infermità, neppure provo ad almanaccare; io, solo so che ciò avvenne. E che il mio infelice e grande Amico mi diceva talvolta: «Vedi, dunque, Foma Paskalovic, qual'era il nocciolo di Caracas; essa è lo spirito della sifilide!» (OL1, 684)

In questo modo non può non apparire assurdo al lettore la pretesa del nostro biografo non solo riguardo al fatto che Gogol abbia avuto una moglie, ma che questa fossa una bambola di gomma. Viene così a cadere il patto instaurativo del fantastico e cioè la *suspension of disbelief* da parte del lettore rispetto alle cose narrate e quindi l'identificazione narratore-lettore, mentre viene introdotta una distanza (ironica) tra lettore e narrato destrutturante per il fantastico. Ad indirizzare il racconto verso la parodia irriverente contribuisce anche l'atmosfera grottesca (il proibito, il morboso e l'osceno inserito in una quotidianità da matrimonio borghese) che svuota e rende inattendibile la pretesa serietà della scrittura saggistica e biografica. Alla luce di queste considerazioni, le parole finali del biografo non possono non apparire ironicamente ambigue:

> «E che altro intento può avere in fondo un umile biografo quale io sono, se non quello di giovare alla memoria dell'uomo eccelso che fece oggetto del proprio studio?» (*OL1*, 689)

La moglie di Gogol si rivela quindi di nuovo un racconto che prende a pretesto il discorso fantastico per raccontare tutt'altra storia e questa storia è a sua volta una storia che ha per oggetto la letteratura, cioè il creare immagini attraverso la parola.

Caracas «la bambolona di lattice amata e odiata, serva e padrona, asettica e sconcia, docile e invadente, bella e grottesca» è «una figurazione della letteratura»; l'allegorizza.[1] Ne *La moglie di Gogol* il fantastico è utilizzato come un contenitore per mettere in scena lo scontro tra la realtà trita e convenzionale (deformata grottescamente) e un'altra realtà, la realtà immateriale, creata dalla parola. Tutto il racconto può quindi essere letto come un perfetto esempio di allegoria moderna, seppure esitante.[2]

---

[1] Carlino (1998), p. 118. Mi sembra che qui l'interpretazione allegorica di Carlino sia più fondata che non nel caso di Gurù, sia rispetto alla struttura significante del testo, sia rispetto al contesto biografico (siamo all'altezza dei diari; cioè nel periodo di maggior rifiuto – seppure ambivalente – da parte di Landolfi della letteratura).

[2] A mio avviso una lettura di tipo allegorica è possibile anche per un lettore «ingenuo», cioè per un lettore che nulla sappia dell'esistenza storica di uno scrittore di nome Gogol e che quindi non colga il distanziamento ironico operato dall'autore verso il suo narratore. Le marche ironico-parodiche permangono, a mio avviso, così forti nel testo da impedire una «*suspension of disbelief*» e da indirizzare anche un lettore culturalmente meno avvertito verso una lettura allegorica, seppure «esitante».

9. Squarci nel tessuto del reale. I «raccontini» fantastici dell'ultima stagione landolfiana

Non c'è dubbio che al fantastico – tutti i teorici sono d'accordo – si confaccia più il respiro corto del racconto che non quello ampio e variegato del romanzo. Nella forma-racconto lo scrittore sceglie e circoscrive un'immagine o un avvenimento che lo ha colpito o che è in qualche modo significativo e lo sviluppa poi nei suoi tratti essenziali senza tutti quei riempitivi, sviluppi e transizioni possibili e addirittura richiesti dal romanzo. Julio Cortázar, che se ne intendeva, definisce il racconto «una fugacità in una permanenza»[1] che mi pare colga bene perché quella che gli inglesi e gli americani chiamano *short story* sia nella sua essenza fatta su misura per il fantastico. Con la sua concisione e stringatezza il racconto permette di concentrare l'attenzione del lettore sull'elemento narrativo centrale, e cioè sull'apparizione fulminante del sovrannaturale, accentuandone così rispetto al romanzo il carattere perturbante e amplificando l'effetto di sconvolgimento e disorientamento epistemologico.

Negli ultimi anni della sua vita Landolfi ritorna alla *short story* fantastica nelle raccolte, di valore diseguale, degli anni Sessanta e Settanta e in quel pulviscolo di componimenti, mescolati a testi di altro carattere, rappresentato dai pezzi scritti per il «Mondo» e il «Corriere della Sera»[2] (il dettato ampio del romanzo resterà per lui fondamentalmente un'aspirazione mai pienamente realizzata e anche le opere generalmente raccolte sotto questa etichetta sono da considerarsi più *long short stories* che veri e propri romanzi). Si tratta di brevissimi pezzi – lui stesso li chiama «raccontini» – che mettono in scena in poche linee e gesti essenziali creature soprannaturali o situazioni irreali e perturbanti. Hanno senz'altro un carattere manieristico, fatti con lo stampino come dice Oreste Macrì, e si configurano soprattutto come esempi tipologici del genere. E tuttavia essi sono

---

[1] Cortázar, *Algunos aspectos del cuento*, trad. it. in Cortázar (1994), p. 1314.
[2] Si tratta delle raccolte *Racconti impossibili*, Firenze, Vallecchi, 1966 (ora in *OL2*, 589-678); *Le labrene*, Milano, Rizzoli, 1974 (ora a cura di I. Landolfi, Milano, Adelphi, 1994) e *A caso*, ivi, 1975. Parte dei pezzi scritti per «Il Corriere della sera» sono stati raccolti in *Un paniere di chiocciole*, Firenze, Vallecchi, 1968 (ora in *OL2*, 803-1018), in *Del Meno*, Milano, Rizzoli, 1978 e nel postumo *Il gioco della torre*, ivi, 1987.

interessanti perché ripresentano per l'ennesima volta tutte le costanti dell'immaginario landolfiano.

Ne *Il bacio* (da *Un paniere di chiocciole*) troviamo una rivisitazione-reinterpretazione di una delle figure perturbanti e fantastiche più note: il vampiro. Il notaio D scapolo e timido con le donne viene baciato la notte a più riprese da una creatura invisibile che attraverso il bacio gli succhia a poco a poco la vita fino a ridurlo ad una «spoglia vuota». In queste poche paginette Landolfi mette in fila davanti al lettore elementi centrali del fantastico come la creatura perturbante e minacciosa che non si può vedere e nominare;[1] *eros* e *thanatos*: il desiderio erotico e la sessualità, forze ambigue e minacciose, collegate alla morte e alla necrofilia; l'atteggiamento ambiguo e ossimorico del protagonista, insieme attratto e respinto dall'esperienza dei limiti; il viaggio a ritroso verso lo stadio fetale, verso l'*undifferentation*.[2]

Manieristica esercitazione quindi su alcuni dei più noti «temi del tu» di todoroviana memoria. Ma a mettere in crisi la troppo scontata interpretazione psicanalitica che vede il racconto come manifestazione di tabù legati alla sessualità e all'inconscio interviene un'espressa marca testuale. Il solito narratore in terza persona extradiegetico mette infatti in bocca al notaio D (che, come ogni buon eroe fantastico che si rispetti, si domanda a più riprese se sogna o se è desto) le seguenti parole: «Probabilmente si trattava d'una proiezione dei suoi desideri segreti», dimostrando così di essere al corrente dei principi della psicanalisi (più avanti nel racconto viene detto: «Fuggire? Ma dove e a che sarebbe valso se la creatura forse se l'era inventata lui stesso?», *OL2*, 890 e 892).

Affermando la possibilità che tutto sia frutto dei desideri inconsci del suo personaggio, Landolfi palesa di saper bene cosa ci sia sotto le figure perturbanti della vecchia *ghost story* ottocentesca; e cioè i

---

[1] Essa viene chiamata dapprima «qualcosa», poi «quel qualunque», «il che», «la creatura», «l'inafferabile creatura» e viene descritta in maniere opposte come «un altro buio» e «una sorte di sanguigna aurora»; «un'immensa massa» e «vacua»; «un vuoto nel vuoto, simile a certe falle nel nero etere cosmico» e dotata di «appendici, zampe e tentacoli». Essa è evocatrice di «immagini incomprensibili» e sembra condurre verso «l'informe, l'inesistente addirittura.» (*OL2*, 890-92)

[2] «L'ultima notte ai suoi occhi (del corpo e dell'anima) si aprì un'immane voragine rovesciata, un vortice grigiastro somigliante a una matrice o ad un nicchio; incombeva e lo chiamava dal sommo della sua spirale. [...] Si abbandonò; e forse in quell'ultimo istante, per premio del suo abbandono, gli fu dato di guardarla in viso, colei che lo aveva succhiato dalla vita, che ora gli strappava il supremo bacio.» (*OL2*, 893)

«famigerati tabù»[1] sessuali, disarmando il lettore dalle possibilità interpretative rappresentate dall'arma dell'inconscio.

Non solo non è possibile considerare la creatura baciatrice solo come un'allucinazione nevrotica del notaio «maledettamente timido con le donne», perché alla fine del racconto le parole del narratore affermano la «reale» esistenza della creatura misteriosa, che si solleva dalla spoglia vuota del notaio e corre per il mondo (come in *Soffio* di Luigi Pirandello). Ma, a livello ermeneutico, non è nemmeno possibile applicare le categorie interpretative della psicanalisi – cioè del modello epistemologico più utilizzato dalla nostra moderna società secolarizzata per spiegare gli incubi della ragione dell'uomo moderno – perché l'autore attraverso le parole del notaio ha ironicamente operato una destrutturazione del discorso psicanalitico. Il riferimento all'inconscio viene così banalizzato e addomesticato: anche se è la nostra mente stessa a partorire creature da incubo, esse possono «veramente» materializzarsi e risucchiarci nel nulla. Il problema per Landolfi non è l'inconscio, ma l'invivibilità della realtà e della vita.

Un altro esempio di *ghost story* dello stesso tipo è *Visite antelucane* (*ibid.*). Qui un narratore in prima persona si risveglia prima dell'alba in una casa montana e ci descrive la sua aria trasognata, i gesti banali a cui si dedica (bere il caffè, scacciare le mosche, grattarsi la testa) e l'atmosfera torba e polverosa in cui si trovano gli oggetti di fronte ai suoi occhi assonnati. Improvvisamente avviene il salto fuori dalla «trita quotidianità»: «Fu a questo punto che *lo* vidi» (*OL2*, 1017). Si tratta di un essere mostruoso che egli vede dalla finestra fuggire verso i monti; una specie di ibrido tra un terribile fantasma (coperto di lenzuoli violacei che perde a poco a poco nella fuga) e l'abominevole uomo delle nevi (con buffi e sgraziati movimenti[2]).

Nient'altro insomma che un esercizio di stile su un tema fantastico, non fosse altro per il finale. Qui la figura borghese della moglie, risvegliatasi al grido del marito («Cosa urli! sveglierai i bambini.»), commenta così le sue preoccupate parole circa le creature abominevo-

---

[1] Così in *La tenia mistica* da *La spada*, ora in *OL1*, 281-82.
[2] «Santo Dio, com'era terribile; com'era buffo, altresì. Adesso aveva raggiunto il fondovalle, e cominciò ad arrancare su pel canalone di fronte. Traballava, si appoggiava a dritta e a manca, si afferrava agli arbusti, agli spuntoni di roccia; e le sue gambe brulicavano... quante gambe, poteva avere? Era immenso, grande più del gran macigno in cima, più di un abete; fuggiva verso la sua tana sui monti.» (*OL2*, 1017)

li che scendono la notte dai monti: «Ma no, ma no, le loro tane non sono tra i monti: sono dentro di noi.» E il marito, da parte sua conclude: « Come se, alla fine, non fosse la stessa cosa.» (*OL2*, 1018). Dove di nuovo l'interpretazione psicanalitica messa in bocca alla moglie viene destrutturata e privata di fondamento dalla replica finale del protagonista. A differenza degli esorcismi e dei riti dei racconti di vampiri ottocenteschi che riuscivano alla fine a scacciare il male e a ristabilire l'ordine sociale, per Landolfi, scrittore privo di riti e ogni altra certezza, i moderni esorcismi psicanalitici non riescono a cancellare le tracce delle materializzazioni dell'inconoscibile e farci amare la realtà.

Un tardo esercizio di stile è *Un volto umano* (in *Il gioco della torre*), raccontino fantastico sviluppato intorno al motivo dell'inspiegabile apparizione in una notte di pioggia di un volto umano nel buio. Il narratore è chiamato a casa del cugino il quale, poco prima d'addormentarsi, ha visto nel buio della sua camera apparire un volto umano. E effettivamente il volto appare anche al narratore steso sul letto accanto al cugino nella stanza buia:

> «Librato contro un angolo della stanza [...] esso appariva tracciato per linee essenziali, senza tuttavia che nulla della sua espressione andasse perduto. E la sua espressione era alcunché di terribile; tanto profondamente melanconica, disperante, da riuscire quasi intollerabile allo sguardo e all'animo.» (*Il gioco della torre*, p. 162)

Varie possibili spiegazioni razionali che i due cugini danno all'apparizione vengono scartate una dopo l'altra e, alle prime luci dell'alba, lo strano volto scompare come era venuto per non riapparire mai più. Forse, come dice il cugino, era «il volto di quella pioggia». La morale della storia sta nel piccolo cappello introduttivo che pone i termini del dilemma esistenziale: «la ragione è una bella cosa magari la più bella», ma a volte non basta di fronte a «qualche fatto o fatterello» anche insignificante «restato senza definitiva spiegazione».

Esemplari di fantastico da manuale sono *Un passo* (in *Un paniere di chiocciole*) dove il narratore racconta ad un ascoltatore un'esperienza perturbante: seduto al buio (è andata via la luce) nel gabinetto della solita grande e suggestiva casa sente risuonare un inspiegabile passo che scompare appena la luce ritorna;[1] e *Il rigatore* (*Del meno*) dove il narratore, svegliatosi a notte fonda e uscito di casa sotto l'impulso di graffiare una superficie, giunge ad una misteriosa caverna. Tornato a casa trova il piano della tavola rigato per lungo.

Il racconto della vecchiaia *Le labrene* (dalla raccolta omonima) ripropone motivi simili a quelli de *La morte del re di Francia* (dimostrando di nuovo, se ancora ce ne fosse bisogno, la sostanziale continuità della scrittura di Landolfi) e cioè l'apertura verso la realtà impedita da un animale (in questo caso una labrena, come la chiama Landolfi, cioè un comune geco) che porta il protagonista ad uno stato di morte apparente (altro tema classico del fantastico ottocentesco, cfr. per esempio *The Premature Burial* di Poe) e poi alla follia, metafora di una totale separazione dal mondo.

Un nucleo consistente dei suoi ultimissimi «raccontini» ha al suo centro quello che con le parole di Tabucchi potremmo chiamare *juego del revés*; e cioè il vedere il rovescio delle cose, l'accorgersi improvvisamente che «una certa cosa che era «così» era invece anche in un altro modo»;[2] insomma il procedimento, mentale prima ancora che retorico, che Rabkin chiama «*reversal of perpective*».

Landolfi chiama in *Rien va* questo procedimento «effetto Voltaluna» con riferimento a un suo racconto giovanile (in *La spada*). Cito il brano perché mi sembra un perfetto esempio di poetica del perturbante (il pretesto per la riflessione è dato da un'antica seggiola che di notte ha uno scatto improvviso e inspiegabile):

> «Insomma Voltaluna: quando oggetti ed eventi, anche senza apparire positivamente misteriosi (di tutto si può trovare una spiegazione «naturale», e lo stesso Poe insegni), rivelano tuttavia alcunché di buio e forse di minaccioso soltanto attraverso modalità leggermente abnormi.» (*OL2*, 255)

---

[1] Lasciando dietro di sé una specie di oggetto mediatore: «Ecco, notai o credetti notare che lungo il suo passaggio gli oggetti e i mobili stessi apparissero d'un tanto spostati e in particolare respinti o accolti di lato, da ambo le parti, quasi gli si fossero ritratti davanti: i ninnoli delle *étagères* s'erano alla rinfusa addossati contro le pareti, nell'anticamera una sedia, di traverso, pareva ancora tentare una fuga nella direzione delle scale.» (*OL2*, 826)

[2] Tabucchi (1988) p. 5.

Nel racconto giovanile di Landolfi (che può anche essere visto come un'implicita dichiarazione esistenziale e di poetica) il narratore omodiegetico e protagonista della storia riflette su una serie di fatti capitatigli in una sola giornata: un'assurda scritta trovata inspiegabilmente sul tavolo; l'altrettanto assurdo incontro con un uomo in mutande con una rivoltella in mano che spara alcuni colpi verso di lui; l'incontro con un altro uomo che si aggira con fare da spia intorno all'auto dell'amante (sposata) facendo andare all'aria le loro «progettate delizie»; e infine l'irritante strappo del suo unico soprabito che lo a costringe a ricercare l'opera di una rammendatrice.

Essi sono, presi in sé, fatti piuttosto insignificanti, ma possono anche essere visti come «strappi nel tessuto approssimativo e plausibile della nostra esistenza» che ci costringono «a buttare un'occhiata sull'oscuro rovescio delle cose, là dove tutto è gelo e orrore». Come la faccia splendente della luna nasconde «l'orlo del baratro buio e freddo», così la nostra vita plausibile e normale mostra un rovescio di buio e di morte che ci dà sgomento.

Solo l'opera serena e sicura di una rammendatrice (come Gurù) ha il potere di rasserenare il nostro «stravolto» protagonista e riportarlo al senso della realtà:

> «in capo a poco più di mezz'ora essa mi rese l'indumento sul cui tessuto non si scorgeva ormai più traccia dello strappo. Così quella parca benigna raccolse le fila troncate e contorte della mia giornata e dolcemente le riannodò.» (*OL1*, 348)

Ma non per sempre:

> «Per un paio di stagioni ancora non ci fu nulla a ridire, ma in seguito, invecchiando il soprabito, la traccia del rammendo affiorò dal tessuto, e più questo si consumava, più quella diventava visibile; finché apparve da ultimo come un'orribile cicatrice. Di più, i fili che univano le labbra dello strappo parevano a ogni istante dover cedere e la ferita della stoffa doversi riaprire in tutta la sua spaventosa oscenità.» (*OL1*, 348)

Lo strappo nel tessuto del reale, come quello del soprabito, non può essere richiuso di nuovo e per sempre; una volta «rivoltata» nel suo rovescio nascosto, un rovescio di buio e di morte, la faccia plausibile delle cose mostra tutta la sua inconsistenza e provoca inquietudine e smarrimento.

E «strappi nel tessuto del reale» potrebbero essere definiti alcuni degli ultimi «raccontini» di Landolfi come per esempio *Un destino da pollo* (in *Racconti impossibili*) e *Esperimento con la stoffa* (in *Il gioco della torre*). Nel primo viene attuato un ironico *juego del revés* per cui due allevatori di polli (americani per meglio marcare il disprezzo del conservatore e aristocratico Landolfi verso le «magnifiche sorti e progressive» della moderna società di massa e dei consumi) che ingabbiano e ingrassano gli animali senza scrupoli, si ritrovano a loro volta ingabbiati e beccati come mangime dai polli diventati giganteschi nel corso di una notte.

Nel secondo due amici fanno un esperimento e gettano un cencio su una seggiola a caso. Per ben due volte la stoffa si drappeggia in modo tale da rivelare con le sue forme «un'immagine bieca, turpe» da cui «spirava un senso di malignità implacabile». I due amici discutono a lungo senza giungere ad una conclusione che cosa siano e da dove vengano queste terribili immagini che prendono forma in oggetti spesso banali e quotidiani. Si tratta forse di un messaggio del trascendente, di un'immagine «contenuta *ab aeterno*» che mostra la vera natura della realtà.

Sulla scia di quello fortemente limitativo di Contini su tutto il «secondo» Landolfi, il giudizio della critica verso queste ultime prove narrative è stato fondamentalmente negativo. Certo non si può evitare accostandoci a questi raccontini dopo aver letto le prove della giovinezza e della maturità di sentirci un po' delusi. Il virtuosismo stilistico che era sempre stato la cifra della sua scrittura acquista qui un carattere freddo, quasi mortuario. La vitalità del manierismo, dell'effetto d'apocrifo e del gioco combinatorio dell'opere della maturità e dei diari diventa sempre più fredda combinazione di ingredienti ed esercizio di stile, operati certo con grande sapienza stilistica e retorica (Landolfi padroneggia i meccanismi della letteratura come pochi altri), ma che non possono non trasmettere un'impressione di rigidità.

Anche le digressioni, gli incisi e gli altri artifici stranianti si esercitano ora sempre più su dettagli insignificanti e marginali; girano a vuoto e ripetono con stanchezza le stesse espressioni e formule esorcistiche. Da qui il sentore di chiuso, di stantio, di claustrofobico che emanano queste ultime prove (scritte spesso svogliatamente per guadagnarsi il pane e da lui stesso considerate prove affatto minori). Un che di crepuscolare e di luttuoso che prelude all'ultimissima fase nella produzione del nostro: le raccolte poetiche della vecchiaia (*Viola di morte, Il tradimento*) con al centro il tema della morte.

Sempre più disilluso rispetto alla funzione «salvifica» o consolatoria della letteratura, Landolfi è tuttavia prigioniero di se stesso: come Sisifo, è condannato a ripetere ossessivamente all'infinito lo stesso gesto dello scrivere, a esserne disgustato e a replicarlo di nuovo. E' lo sbocco inevitabile di un percorso obbligato, visto le premesse esistenziali-filosofiche di partenza. Landolfi non può uscire dalla pratica letteraria che si è scelto, può solo ripeterla all'infinito, anche se in un tono sempre più cupo e funereo.

CONCLUSIONI

Uno scrittore sempre inattuale

Sulla base di un fondamentale pessimismo gnoseologico, originato oltre che da letture filosofiche giovanili da un disagio esistenziale che ha le sue radici nell'infanzia, Landolfi rifiuta totalmente la realtà. La realtà è ripugnante e angosciosa, ma soprattutto la realtà pensa di esistere e invece non è altro che un mero fantasma. Landolfi attua così un capovolgimento della logica comune secondo cui l'unica cosa che conosciamo, la realtà, è migliore di ciò che non conosciamo, dell'irrealtà.[1] Per Landolfi non esiste differenza tra realtà e irrealtà, se non nel fatto che la realtà non si rassegna ad essere quello che in verità è – cioè pura apparenza – ma finge di differenziarsi dall'irrealtà, di «essere». Ne consegue che l'uomo non ha nessun controllo sulla realtà; anzi questa è altrettanto (se non più) angosciosa di ciò che tradizionalmente gli si contrappone: l'inconoscibile, l'innominabile, il nulla.

Allo scarso o inesistente senso di realtà Landolfi contrappone come unica salvezza la parola, la poesia e la letteratura. Va da sé, viste le premesse esposte qui sopra, che la letteratura a cui si dedica non può essere quella che utilizza le convenzioni del verosimile e del realistico, ma deve necessariamente fondarsi su una scrittura antimimetica che attinge a piene mani al vasto serbatoio dell'immaginario e del fantastico. Il discorso fantastico diventa così per Landolfi, come per i suoi maestri dell'Ottocento, lo strumento privilegiato per smascherare le illusioni e le pretese di una realtà fondamentalmente inconoscibile e misteriosa.[2] Si spiega così l'assidua rivisitazione landolfiana di quasi tutti i nuclei tematici e i procedimenti formali e retorici canonici del fantastico romantico, che ritornano ossessivamente nei suoi racconti. Una rivisitazione che fa pensare ad una sintonia ideale di Landolfi con il modo di sentire dei grandi maestri ottocenteschi; una specie di Romanticismo estremo e rovesciato che all'aspirazione all'infinito sostituisce quella per il nulla.[3] Ma è soprattutto quello che sul piano letterario è il maggior lascito che il fantastico ottocentesco ha

---

[1] «Non è l'irrepetibile la nostra ultima meta, e la nostra unica salvezza dai, contro i, fatti?» (in *Des mois*; *OL2*, 695)

[2] «E' proprio quando rinuncio al meraviglioso [...] che il mondo sconosciuto mi fa più paura» (*Il rigatore* in: *Del meno, cit.*, p. 189).

[3] Sul Romanticismo di Landolfi cfr. Baccelli (1996).

trasmesso in eredità al Novecento che egli riprende e reinveste. Si tratta naturalmente dell'indecisione come strategia per creare esitazione, ambiguità e contraddizione nel testo e nel lettore e la coscienza dell'artificialità della narrazione che il fantastico esibisce in gran copia grazie all'attenzione capillare che rivolge alle proprie pratiche di sistema linguistico. Landolfi eleva queste caratteristiche centrali del modo fantastico a vera e propria marca distintiva di tutta la sua scrittura; strategia discorsiva che diffonde il dubbio, l'incertezza, l'ambiguità ben oltre il termine della narrazione.

Da qui provengono le caratteristiche centrali della sua scrittura che ho cercato di evidenziare attraverso le analisi testuali dei capitoli precedenti: la voce narrante che si nasconde, nello stesso tempo esibendosi di continuo e che parla in un tono sforzato e sovraesposto, l'effetto d'apocrifo e la citazione, la presenza massiccia del narratario nella narrazione, le digressioni e gli altri artifici discorsivi stranianti (gli incisi, gli «a parte» rivolti al lettore e le note poste alla fine dei racconti), la disposizione autoriflessiva e metaletteraria, l'ironia e il grottesco, il cosciente (ri)uso della psicanalisi, il non-finito.

Da qui proviene anche il carattere contraddittorio e aperto del racconto landolfiano, basato sullo scontro tra due principi opposti: quello della concentrazione espressiva e dell'ordine narrativo e quello della dispersione di quest'ordine, attraverso la divagazione e l'incongruenza. Un racconto che gioca con la propria forma, l'elude e la scompone senza tuttavia giungere mai a una scelta, a una conclusione.

Landolfi si situa a pieno diritto all'interno del grande filone dello sperimentalismo novecentesco, come ha rilevato giustamente la critica più recente e attenta.[1] Si tratta di uno sperimentalismo individuale e *sui generis*, che, come afferma Andrea Zanzotto, nella sua precocissima originalità e nonostante la diffidenza del nostro verso lo sperimentalismo dichiarato, ha anticipato molti temi e forme letterarie tipiche della tarda modernità compreso il teatro dell'assurdo di Samuel Beckett (autore che Landofi, a dir la verità, stronca impietosamente in una sua recensione degli anni Cinquanta[2]).

---

[1] Collegano Landolfi allo sperimentalismo, pur da punti di partenza diversi, Ceni (1986), Zanzotto (1994), Pellegrini (1996), Carlino (1998).

[2] Di cui mi piace citare il seguente brano (anche a sostegno di quanto detto precedentemente rispetto alla psicanalisi e al supposto surrealismo landolfiano): «La letteratura per esempio, non può avere la funzione di acquaio delle angosce, vere o false; le quali se mai (persino ci vergogniamo di doverci riferire a una nozione tanto elementare) *hanno da essere perfettamente dominate prima di passare sulla pagina*. E, per dirla in breve, noi ci ostiniamo a credere, magari a ritroso degli

Landolfi è un isolato nel panorama letterario italiano tra le due guerre. I suoi primi critici lo hanno spesso avvicinato alla prosa d'arte a causa della sua scrittura classicheggiante, ricercata e arcaicizzante, che si rifà a modelli ottocenteschi e anche per il respiro corto delle sue prove narrative. E' vero che la misura della sua narrazione si avvicina a quella della prosa d'arte, ma in lui non c'è nessun interesse per l'esercizio di bello stile fine a se stesso o per il bozzetto minimalista. La sua attitudine alla manipolazione e al rimpasto linguistico testimoniano invece del carattere innovativo della sua posizione rispetto al tradizionalismo letterario di «Ronda» e affini.

Nonostante partecipi al clima ermetico fiorentino degli anni Trenta (molti dei suoi amici e sodali appartengono a questo movimento) non sembra condividere neppure la poetica dell'Ermetismo per motivi insieme filosofici-esistenziali ed estetici. Landolfi condivide l'ansia metafisica degli Ermetici, ma certo non la loro esaltazione ontologico-gnoseologica della poesia. L'idea che la poesia abbia capacità profetiche e religiose e quella della funzione orfica e salvifica attribuita alla figura del poeta non gli potrebbero essere più estranee e inaccettabili (tanto che in *Rien va* deforma la famosa formula dell'amico Carlo Bo «letteratura come vita» in «letteratura non è vita»).

Le sue prove più lunghe (*La pietra lunare, Racconto d'autunno, Le due zittelle*) non possono essere associate nemmeno alla ripresa del romanzo negli anni Trenta-Quaranta. Si può discutere se egli padroneggi veramente questa forma (come detto i suoi testi generalmente giudicati tali potrebbero altrettanto legittimamente considerarsi *long short stories*); tuttavia, indipendentemente da come si vogliano definire le sue prove di questo periodo, i loro modelli sono ben altri (i maestri del fantastico e dell'orrido del Romanticismo europeo) da quelli in voga tra i romanzieri di quegli anni. Ma soprattutto, grazie all'effetto d'apocrifo e alla disposizione all'autocommento, il suo si può definire un vero e proprio antiromanzo, di gran lunga più moderno ed europeo delle coeve prove di neorealisti e simili.

Altri lo hanno collegato al realismo magico bontempelliano oppure al surrealismo, seppure un surrealismo definito piuttosto vagamente «italiano». In ambedue i casi sembra mancare nella scrittura di Landolfi l'ingrediente di base per la collocazione in uno di (o in ambedue) questi campi; e cioè la presenza del mito nel caso del

---

anni e dei fati, che la letteratura sia una cosa seria.» *Il caso Beckett* in: *Gogol a Roma*, Firenze, Vallecchi, 1971, p. 7. Corsivo mio.

realismo magico (parziale eccezione *La pietra lunare*) e la scoperta dei rapporti simbolici tra inconscio e scrittura nel caso del Surrealismo. Nel Dopoguerra le caratteristiche sperimentali della sua scrittura farebbero pensare ad una sua sintonia con la poetica della Neovanguardia e del Gruppo 63 (a cui del resto dedica una serie di interessanti riflessioni soprattutto in *Des mois*), ma non è così. Landolfi non può condividere l'idea della funzione positiva e progettuale attribuita alla letteratura dalla Neoavanguardia. La letteratura al quadrato che propongono gli esponenti di questo gruppo non può per lui rappresentare una forma di accrescimento conoscitivo; non attribuisce nuova vitalità e una nuova funzione positiva all'attività dello scrivere. Egli inoltre non condivide l'idea di linguaggio che sta dietro la poetica degli esponenti della Neoavanguardia. Sa, perché lo ha provato prima di loro, che un'innovazione linguistica basata sulle combinazioni del linguaggio non può mai uscire dalla *langue* in quanto le combinazioni sono sì innumerevoli, ma finite. Non si esce dalla lingua «culturale»: il linguaggio «naturale», il linguaggio «assiuolesco» è sempre irraggiungibile.

Fin dalle sue prime prove, si è molto insistito da parte della critica sul carattere di «gioco» su cui si fonderebbe la pratica di scrittura di Landolfi e la sua poetica. E' una osservazione pertinente se la si interpreta non in senso ludico-virtuosistico (come fa il filone critico che cataloga l'opera del nostro sotto le etichette del gioco virtuosistico, della parodia e del divertimento intellettualistico), ma in senso tragico-nichilistico.

Il manierismo di Landolfi non ha niente di ludico, ma è all'opposto cupa volontà di morte e d'annullamento. Giocatore impenitente, abituato a passare nottate intere ai tavoli di gioco di casinò e bische (sulla figura di Landolfi giocatore accanito si formò ben presto una leggenda, alimentata sapientemente dal personaggio stesso) Landolfi ha dedicato al gioco alcune pagine illuminanti di *Rien va* (oltre a farne oggetto di narrazione in svariate parti della sua opera).

Secondo Landolfi, il gioco (ed egli premette esplicitamente che il suo ragionamento riguarda solo il gioco d'azzardo non il gioco nel senso di passatempo o come attività decorativa) è volontà di potenza, volontà di vincere e dominare il caso; vale a dire cercare di dominare la casualità della vita e quindi trovarle un senso. Il gioco è quindi alta attività dello spirito, sinonimo di ricerca filosofica (da introdurre, secondo il nostro, nelle scuole per il suo valore formativo e conoscitivo) e il giocatore una specie di filosofo.

E infatti Landolfi riflette e si interroga in queste pagine di *Rien va* profondamente sul senso da dare al caso. Egli rifiuta la casualità del caso. Da un punto di vista filosofico un accadimento non può mai essere casuale, a meno di rassegnarsi ad ammettere l'esistenza di una realtà esteriore (cosa che ripugna profondamente a Landolfi), ma deve invece sempre nascondere un significato più profondo, il suo vero significato all'interno dell'attività dello spirito che tutto comprende:

> «E' difficile credere seriamente che un caso (che è sempre tuttavia un accadimento) sia casuale, o insomma credere seriamente al caso. Pel semplice fatto che una cosa che accade non può essere casuale – sembrerebbe di poter affermare con tutta sicurezza, benché la dimostrazione di un tale asserto sia tutt'altro che agevole e forse impossibile.» (*OL2*, 273) [1]

E' questo significato che il giocatore tenta di cogliere puntando le sue *fiches* sul tappeto verde. Il giocatore è chiamato – direi quasi costretto – a provare e riprovare la sorte; a ripetere, come Sisifo, all'infinito il gesto della puntata, a non appagarsi nemmeno di grandi vincite ed a smettere solo quando, esaurire le risorse di denaro disponibili, si è riconosciuto l'irrimediabile scacco della propria *quest* e la volontà di potenza si è rivelata volontà di morte.[2] L'unica regola del gioco è il caso. Anche quando si vincano cifre colossali è implicito nel gioco il suo castigo: l'impossibilità di dominare il caso. Giocare (vivere, scrivere) è tentare di dare ordine e senso a qualcosa che lo rifiuta. La volontà di potenza si rivela quindi volontà di annullamento e di morte:

---

[1] Parole che tra l'altro, calzano a pennello con la descrizione di quello che Todorov chiama pandeterminismo, uno dei processi mentali basilari del fantastico (cfr. parte prima, nota 22).

[2] Come viene detto ne *LA BIERE*, dove si trovano altre pagine memorabili sul gioco: «Ogni nuova puntata era una domanda, una nuova sollecitazione, erano anzi esse la medesima domanda e la medesima risposta infinitamente ripetute. Oh, quanto monotono era in fondo tale colloquio! Eppure, con una specie di curioso stupore, Alessandro vi insisteva, ben deciso a perdere sino all'ultimo centesimo pur di udirne la fine. Ma poteva esserci una fine? E che fine?» (*OL1*, 620)

> «Né arriverò a dire che la volontà di potenza sia di per sé volontà di annullamento; ma certo è malanno sentito abbastanza chiaramente come tale, come malanno, dagli interessati, sicché deve, [...] tendere al ripristinamento di uno stato primo; che è stato di quiete, di riposo, di pace originaria (questa difatto, al di là delle apparenze, sembra essere la suprema aspirazione dell'uomo. Donde la sua volontà di morte, senza la quale la morte non vi sarebbe. Quasi la vita fosse in profondo percepita come fastidio, come qualcosa che «sgomenta dagli eterni riposi»); quella pace che, ogni giocatore lo sa, nel gioco non è concepibile se non colla perdita.» (*OL2*, 272)

La sconfitta e la morte sono il destino del giocatore e dell'uomo.

Sembra legittimo collegare (percorso imboccato spesso dalla critica, a volte in maniera un po' superficiale) questa teoria del gioco alla scrittura di Landolfi. Scrivere è forzare le regole date e tentare il caso, secondo l'aspirazione – sempre frustrata, ma più volte dichiarata da Landolfi – di voler scrivere a caso (e scrivere a caso si trasforma poi nell'altra grande aspirazione del vivere a caso spesso tematizzata nei suoi racconti[1]). Ma il caso, come abbiamo visto, non si lascia delimitare e definire e la regola, da parte sua, sarà sì insufficiente a cogliere ciò che sta oltre la superficie ingannevole e le apparenze, ma è tuttavia inevitabile e insostituibile.

Da qui la situazione di stallo in cui si trova Landolfi e che viene ossessivamente messa in scena sulla sua pagina: la necessità del caso e insieme la sua impossibilità, da una parte, e l'insufficienza ma anche l'obbligatorietà della regola, dall'altra. La costrizione della *langue* e la necessità di stravolgerla attraverso l'atto di *parole*, che però alla fine si rivela velleitario dato che è impossibile uscire dalla *langue*. Non si può scrivere a caso; ad ogni atto di scrittura è inerente una regola; ed è di questa regola che continuamente e disperatamente – come avviene con il caso nel gioco – si cerca l'eversione e il superamento, fino all'inevitabile sconfitta. Fare letteratura (o giocare) è volontà di potenza strettamente legata a volontà di morte.

---

[1] Per esempio il delitto assolutamente gratuito che vuole compiere il protagonista del racconto che dà il titolo alla raccolta *A caso* e che si rivela invece alla prova dei fatti impossibile. Un'interessante recente variante del tema del «delitto gratuito» è il racconto *L'orecchio assoluto* di Daniele Del Giudice nella raccolta di racconti intitolata *Mania* (1997).

Inoltre Landolfi – come dimostra chiaramente tra l'altro l'appendice «leopardiana» de *La pietra lunare* – si considera un epigono, un postumo. Egli guarda alla letteratura dopo la «morte dell'arte» sancita da G. W. F. Hegel ed è profondamente convinto che l'età d'oro dei poeti sia irrimediabilmente finita, che la letteratura non abbia risposte da dare, che il poeta abbia veramente perduto l'aureola, che il suo ruolo all'interno della società sia marginale e secondario. Cresce così la consapevolezza della perdita di ruolo della regola (il bello scrivere, l'ordine e il dettato classico della narrazione, l'esattezza di cui parla Italo Calvino, ecc.) e si fa più forte il bisogno di attingere al caso (la distorsione, lo smembramento, il *déjà vu* o meglio *déjà lu*). Il gioco (tragico) tra regola e caso produce dosi massicce di ambiguità e non-finito, rendendo visibile sulla pagina le aporie del pensiero landolfiano e proponendole in tutta la loro drammaticità all'intelligenza di noi lettori. Landolfi è coerentemente postumo: la letteratura può solo rappresentare se stessa e la sua impotenza.

Nel suo sperimentalismo pessimistico Landolfi è molto più radicale dei movimenti neoavanguardistici degli anni Sessanta e la consistenza tragica della sua scrittura (già evidente sotto il tono ironico-grottesco e parodico nelle sue opere prime), a partire dai diari e poi nelle prove narrative della vecchiaia (centrate sull'impossibilità del racconto e quindi sulla decostruzione della tradizione letteraria), diviene sempre più forte fino alle ultimissime prove poetiche (rivolte non a caso al passato in quanto si rifanno a stilemi foscoliani, leopardiani e dannunziani) che possono essere definite veri e propri esercizi sulla morte.

E' forse proprio questa sua inattualità e isolazione rispetto alle coeve correnti letterarie dell'Ante e Dopoguerra a rendere Landolfi, paradossalmente, uno scrittore sempre attuale, almeno per chi attribuisca alla letteratura la funzione di tentare di cogliere con le parole ciò che sta al di là del linguaggio.

Bibliografia

A) Opere di carattere generale e studi teorici sul fantastico

Solo testi citati o consultati. Per indicazioni sui principali repertori bibliografici, antologie dei testi e studi sul fantastico si rimanda a Ceserani (1996).

Agamben, Giorgio (1977): *Stanze. La parola e il fantasma nella cultura occidentale*, Torino, Einaudi.

Albertazzi, Silvia, a cura di (1995): *Il punto sulla letteratura fantastica*, Bari, Laterza.

Angeli, Giovanna (1998): *Surrealismo e umorismo nero*, Bologna, Il Mulino.

Baronian, Jean-Baptiste (1973): *La France fantastique de Balzac à Loüys*, Verviers, Ed. Gérard.

Beiu-Paladi, Luminiţa (1998): *Generi del romanzo italiano contemporaneo*, Stockholm, Almqvist & Wiksell.

Belevan, Harry (1976): *Teoría de lo fantástico*, Barcelona, Ed. Anagrama.

Benedetti, Carla (1996): *I generi della modernità* in: *Studi offerti a Luigi Blasucci*, Lucca, Pacini editore.

Benedetti, Carla (1998): *Pasolini contro Calvino. Per una letteratura impura*, Torino, Bollati-Boringhieri.

Benedetti, Carla (1999): *L'ombra lunga dell'autore*, Milano, Feltrinelli.

Bessière, Iréne, (1974): *Le récit fantastique. La poétique de l'incertain*, Paris, Larousse.

Bonifazi, Neuro (1982): *Teoria del «fantastico» e il racconto «fantastico» in Italia: Tarchetti, Pirandello, Buzzati*, Ravenna, Longo.

Buzzati, Dino (1958): *Sessanta racconti*, Milano, Mondadori.

Caillois, Roger (1965): *Au cœur du fantastique*, Paris, Gallimard (trad. it. *Al cuore del fantastico*, Milano, Feltrinelli, 1984 con postfazione di G. Almansi).

Calvino, Italo (1979): *Se una notte d'inverno un viaggiatore*, Torino, Einaudi.

Calvino, Italo (1980): *Definizioni di territori: il fantastico* in: *Una pietra sopra. Discorsi di letteratura e società*, Torino, Einaudi; ora in Calvino (1995).

Calvino, Italo (1983): Introduzione a *Racconti fantastici dell'Ottocento*, Milano, Mondadori; ora in Calvino (1995).

Calvino Italo (1985): *La literatura fantástica y la letras italianas* in: *La literatura fantastica*, Madrid, Sinuela; ora in Calvino (1995).

Calvino Italo (1991-95): *Romanzi e racconti*, vol. 1-3 a cura di C. Milanini e *Saggi 1945-1985*, vol. 1-2 a cura di M. Barenghi, Milano, Mondadori.

Campra, Rosalba (1981): *Il fantastico: una isotopia della trasgressione* in: «Strumenti critici», XV, giugno 1981, pp. 199-231.

Castex, Pierre Georges (1951): *Le conte fantastique en France de Nodier à Maupassant*, Paris, Corti.

Ceserani, Remo, a cura di (1983): *La narrazione fantastica*, Pisa, Nistri-Lischi.

Ceserani, Remo (1996): *Il Fantastico*, Bologna, Il Mulino.

Chanady, Amaryll B. (1985): *Magical Realism and the Fantastic. Resolved versus Unresolved Antinomy*, New York and London, Garland.

Cornwell, Neil (1990): *The literary Fantastic. From Gothic to Postmodernism*, New York, Harvester Wheatscheaf.

Cortázar, Julio (1994): *Racconti*, Torino, Einaudi-Gallimard.

Corti, Maria (1976): *Principi della comunicazione letteraria*, Milano, Bompiani.

Desideri, Giovanna (1995): *Il fantastico* in: *Letteratura Italiana. Storia e geografia. L'età contemporanea*, v. 3, a cura di A. Asor Rosa, Torino, Einaudi 1989.

Eco, Umberto (1976): *Il Superuomo di massa*, Milano, Il Formichiere.

Farnetti, Monica (1988): *Il gioco del maligno. Il racconto fantastico nella letteratura italiana tra Otto e Novecento*, Firenze, Vallecchi.

Farnetti, Monica, a cura di (1995): *Geografia, storia e poetiche del fantastico*, Firenze, Olschki.

Freud, Sigmund (1977): *Il perturbante* in: *Opere*, vol. IX a cura di C. Musatti, Torino, Boringhieri (orig. ted. 1919).

Frye, Northrop (1957): *Anatomy of Criticism. Four Essays*, Princeton, Princeton Univ. Press (trad. it. *Anatomia della critica*, Torino, Einaudi, 1969).

Fusillo, Massimo (1998): *L'altro e lo stesso. Teoria e storia del doppio*, Firenze, La Nuova Italia.

Genette, Gérard (1976): *Figure III. Discorso del racconto*, Torino, Einaudi (orig. franc. *Figures III*, Seuil, Paris, 1972).

Genette, Gérard (1997): *Palinsesti*, Torino, Einaudi (orig. franc. *Palimpsestes. La littérature au second degré*, Paris, Seuil, 1982).

Gogol, Nikolaj (1991): *Racconti di Pietroburgo*, trad. di T. Landolfi, Milano, Rizzoli (prima ed. 1949).

Hume, Kathryn (1984): *Fantasy and Mimesis. Responses to Reality in Western Literature*, New York, Methuen.

Jackson Rosemary (1981): *Fantasy: the Literature of Subversion*, London and New York, Methuen (trad. it. *Il fantastico: la letteratura della trasgressione*, Napoli, Pironti 1986).

Jameson, Frederic (1975): *Magical narratives: romance as genre* in: «New Literary History», 7 no. 1, autumn 1975, pp. 133-63.

Jentsch, Ernst (1906): *Zur Psychologie des Unheimliche*, trad. it. in: Ceserani (1983), pp. 399-410.

Jolles, André (1930): *Einfache Formen. Legende, Sage, Mythe, Rätsel, Spruch, Kasus, Memorabile, Märchen, Witz*, Tübingen, Niemeyerv (trad. it. *Forme semplici*, Milano, Mursia 1980).

Lem, Stanislaw (1984): *T. Todorovs Theorie des Phantastischen* in: *Essays*, Frankfurt, Insel Verlag, pp. 9-35.

Lepschy, Giulio (1987): *Fantasia e immaginazione* in: «Lettere Italiane», n. 1 1987, pp. 20-33.

Levi, Primo (1963): *La tregua*, Torino, Einaudi.

Lugnani, Lucio (1983): *Per una delimitazione del genere* in Ceserani: (1983).

Nodier, Charles (1993): *Inès de Las Sierras*, trad. di T. Landolfi, Milano, Adelphi (prima ed. 1951).

Poe, Edgard Allan (1984): *The Complete Tales and Poems of Edgard Allan Poe*, Harmondsworth, Penguin Books.

Praz, Mario (1976): *La carne, la morte e il diavolo nella letteratura romantica*, Firenze, Sansoni (prima ed. 1930).

Punter, David (1980): *The Literature of Terror. A History of Gothic Fictions from 1765 to the Present Day*, London, Longman (trad. it. *Storia della letteratura del terrore. Il «gotico» dal Settecento ad oggi*, Roma, Editori Riuniti 1985).

Rabkin, Eric (1976): *The fantastic in literature*, Princeton, Princenton University Press.

Roda, Vittorio (1996): *Alle origini del «fantastico» italiano: il motivo del corpo diviso* in: *I fantasmi della ragione. Fantastico, scienza e fantascienza nella letteratura italiana fra Otto e Novecento*, Napoli, Liguori.

Sartre, Jean Paul (1947): *«Aminadab» ou du fantastique considéré comme un langage*, in. *Situations I*, Paris, Gallimard, pp. 56-72 (trad. it. parziale in Albertazzi (1995).

Scarsella, Alessandro (1986): *Profilo delle poetiche del fantastico* in: «La rassegna della letteratura italiana», XC, nr. 1-2, pp. 201-220.

Scarsella Alessandro (1995): *Dallo «spiritus phantasticus» alla «poesia fantastica»* in: Farnetti (1995).

Scholes, Robert (1969): *Towards a Poetics of Fiction: An Approach Through Genre* in: «Novel», 2 (1969), pp. 101-111.

Scholes, Robert (1987): *Boiling Roses: Thoughts on Science Fiction* in: Slusser, G. E. e Rabkin, E. S. (1987).

Slusser, George E. e Rabkin, Eric S. (1987): *Intersections: Fantasy and Science Fiction*. Essays presented at the Seventh Eaton Conference of Science Fiction and Fantasy Literature, Carbondale, Southern Illinois University Press.

Solmi, Sergio (1978): *Saggi sul fantastico. Dall'antichità alle prospettive del futuro*, Torino, Einaudi (prima ed. 1971).

Tabucchi, Antonio (1988): *Il gioco del rovescio*, Milano, Feltrinelli (prima ed. 1981).

Todorov, Tzvetan (1977): *La letteratura fantastica*, Milano, Garzanti (orig. franc. *Introduction à la littérature fantastique*, Seuil, Paris, 1970).

Tolkien, John Ronald R. (1966): *On fairy-Stories* in: *The Tolkien Reader*, New York, Ballantine.

Vax, Louis (1960) *L'art et la littérature fantastique*, Paris, PUF.

Voglino, Alex (1983): *Neosimbolismo. Lineamenti per una esegesi della letteratura fantastica* in: *Dal mito alla fantasia. Introduzione alla letteratura dell'immaginario*, a cura di A. Voglino, Chieti, Solfanelli.

B) Opere di Landolfi

La maggior parte delle opere di Landolfi sono raccolte in *Opere, I (1937-1959)* e *Opere, II (1960-1971)* a cura della figlia Idolina Landolfi, prefazione di Carlo Bo, Milano, Rizzoli, 1991-92.

Il primo volume comprende: *Dialogo dei massimi sistemi* (1937); *La pietra lunare* (1939); *Il Mar delle Blatte e altre storie* (1939); *La spada* (1942); *Il principe infelice* (1943); *Le due zittelle* (1946); *Racconto d'autunno* (1947); *Cancroregina* (1950); *LA BIERE DU PECHEUR* (1953); *Ombre* (1954); *La raganella d'oro* (1954); *Ottavio di Saint-Vincent* (1958); *Landolfo VI di Benevento* (1959).

Il secondo volume contiene: *Se non la realtà* (1960); *In società* (1962); *Rien va* (1963); *Scene della vita di Cagliostro* (1963); *Tre racconti* (1964); *Un amore del nostro tempo* (1965); *Racconti impossibili* (1966) *Des mois*

(1967); *Un paniere di chiocciole* (1968); *Faust 67* (1969); *Breve canzoniere* (1971).

Dopo l'interruzione del progetto di Rizzoli (che prevedeva un terzo volume) non sono stati raccolti: *Gogol a Roma*, Firenze, Vallecchi, 1971; *Viola di morte*, ivi, 1972; *Le labrene*, Milano, Rizzoli, 1974 (ora a cura di I. Landolfi, Milano, Adelphi, 1994); *A caso*, ivi, 1975; *Il tradimento*, ivi, 1977; *Del Meno*, ivi, 1978; *Il gioco della torre*, ivi, 1987. E inoltre gli elzeviri di Landolfi pubblicati sul «Corriere della Sera» dal 1967 al 1979. A partire dal 1992 l'editore Adelphi si è assunto l'incarico di ripubblicare in agili volumetti, con note al testo e bibliografia critica della figlia Idolina, tutte le opere dello scrittore.

Per le traduzioni di Landolfi dal francese, russo e tedesco, si rimanda alla bibliografia in appendice al volume miscellaneo su Landolfi *Le lunazioni del cuore* a cura della figlia e al saggio di Macrì citati più avanti.

C) Monografie e opere critiche su Landolfi

Solo le opere citate o consultate. Per una bibliografia della critica (fino al 1978) vedere G. Montesano, *Rassegna degli studi critici su Tommaso Landolfi (1937-1978)* in «Critica letteraria», n. 36, 1982, pp. 593-99. Cfr. inoltre le bibliografie contenute in Macrì (1990) e Landolfi I. (1996).

Amigoni, Ferdinando (1997): *La bestia folgorosa. Il fantasma e il nome in Tommaso Landolfi* in: «Strumenti critici», n. 83, gennaio 1997, pp. 1-31.

Baccelli, Monique (1996): *Landolfi e il romanticismo tedesco* in: Landolfi I. (1996).

Baldacci, Luigi (1963): «Tommaso Landolfi» in: *Letteratura e verità*, Milano-Napoli, Ricciardi.

Bárberi Squarotti, Giorgio (1965): «Tommaso Landolfi» in: *La narrativa italiana del dopoguerra*, Bologna, Cappelli.

Barnabò Seccchi, Graziella (1978): *Invito alla lettura di Landolfi*, Milano, Mursia.

Biondi, Alvaro (1981): *L' «Italie magique», il surrealismo italiano e Tommaso Landolfi* in: Romagnoli (1981).

Biondi, Marino (1996): *Inghiottire la notte: i sogni di Landolfi* in: Landolfi, I. (1996).

Bo, Carlo (1946): *Note su Landolfi* (1937 e 1941) in: *Nuovi studi*, Firenze, Vallecchi.

Bo, Carlo (1953): *Alcuni caratteri del romanzo italiano* in: *Riflessioni critiche*, Firenze, Sansoni.

Bo, Carlo (1958): *Due concetti di letteratura* in: *La religione di Serra*, Firenze, Vallecchi.

Brunetti, Bruno (1984): *L'orbita cieca: tempo e scrittura in Cancroregina di Tommaso Landolfi* in: «Il lettore di provincia», v. 15, marzo 1984, pp. 77-84.

Calvino, Italo (1982): *L'esattezza e il caso*. Postfazione a: T. Landolfi, *Le più belle pagine*, Milano, Rizzoli.

Capek-Habekovic, Romana (1986): *Tommaso Landolfi's Grotesque Images*, New York, Berne, Frankfurt am Main, Peter Lang.

Carlino, Marcello e Muzzioli, Francesco (1983): *Le frontiere dell'esitazione e l'esitazione come critica delle frontiere. Ricerca sulla letteratura fantastica contemporanea* in: «L'ombra d'Argo», n. 3, pp. 8-30.

Carlino, Marcello (1998): *Landolfi e il fantastico*, Roma, Lithos.

Ceni, Alessandro (1986): *La «sopra-realtà» di Tommaso Landolfi*, Firenze, Cesati.

Cirillo, Silvana (1989): *La pietra lunare* in: Tarquini (1989).

Cirillo Silvana (1996): *Le macchine celibi di Tommaso Landolfi* in: Landolfi, I. (1996).

Contini, Gianfranco (1968): *Tommaso Landolfi* in: *Letteratura dell'Italia unita*, Firenze, Sansoni.

Contini Gianfranco (1988): *Italia magica. Racconti surreali novecenteschi scelti e presentati da G. Contini*, Torino, Einaudi (ed. orig. franc. 1946).

Cortellessa, Andrea (1996): *Cætera desiderantur: l'autobiografismo fluido dei diari landolfiani* in: Landolfi, I. (1996).

David, Michel (1966): *Tommaso Landolfi*, in: *La psicanalisi nella cultura italiana*, Torino, Boringhieri.

Debenedetti, Giacomo (1963): *Il «rouge et noir» di Tommaso Landolfi* in: *Intermezzo*, Milano, Il Saggiatore.

Dejaco, Diego (1989): *Un punto di svolta nella narrativa landolfiana: «Cancroregina»*, in: «Strumenti critici», n. 61, settembre 1989, pp. 395-414.

De Michelis, Eurialo (1962): *Il prestigioso Landolfi* in: *Narratori al quadrato*, Pisa Nistri-Lischi.

De Robertis, Giuseppe (1962): *La Bière du Pecheur* in: *Altro Novecento*, Firenze, Le Monnier.

De Wrangel, Catherine (1996): *Colori e fondali nell'opera di Landolfi* in: «La Scrittura», n. 2, primavera 1996, pp. 18-25.

Dolfi, Anna (1981): *Tommaso Landolfi. «Ars Combinatoria», paradosso e poesia* in Romagnoli (1981); ora anche in Dolfi (1997).

Dolfi, Anna (1989): *La camicia di Nesso della letteratura (note sul diarismo di Landolfi)* in: Fontanella (1989); ora anche in Dolfi (1997).

Dolfi Anna (1997): *Terza generazione. Ermetismo e oltre*, Roma, Bulzoni.

Falqui, Enrico (1939): *Landolfi e il tecnicismo* in: *Ricerca di stile*, Firenze, Vallecchi.

Falqui, Enrico (1950): *Tommaso Landolfi* in: *Prosatori e narratori del Novecento italiano*, Torino, Einaudi.

Fontanella, Luigi (1983): *Il surrealismo italiano*, Roma, Bulzoni.

Fontanella, Luigi, a cura di (1989): *Landolfiana. Omaggio a T. Landolfi* in: «Gradiva, International Journal of Italian Literature», n. 4.

Fontanella, Luigi (1991): *Landolfi e il gioco* in: «Paragone», aprile 1991, v. 42, pp. 91-105.

Ghetti Abruzzi, Giovanna (1979): *L'enigma Landolfi*, Roma, Bulzoni.

Ginzburg, Natalia (1990): *Lettura di Landolfi*, in: «Paragone», giugno 1990, v. 41, pp. 3-13.

Giuliani, Alfredo (1989): *Conversazione con A. Giuliani su T. Landolfi* in: Fontanella (1989).

Guglielmi, Guido (1996): *Poetica di Landolfi* in: «Allegoria», n. 14, 1993, pp. 40-57.

Guglielmi, Guido (1996): *Tradizione del romanzo e romanzo sperimentale* in: AA. VV., *Manuale di letteratura italiana*, a cura di F. Brioschi e C. Di Girolamo, vol. IV: *Dall'unità d'Italia alla fine del Novecento*, Torino, Bollati-Boringhieri.

Guidi, Stefano (1986): *La parola disponibile. Sulla scrittura di Landolfi* in: «Il lettore di provincia», dicembre 1986, v. 17, pp. 92-103.

Landolfi, Idolina, a cura di (1996): *Le lunazioni del cuore. Saggi su Tommaso Landolfi*, Firenze, La Nuova Italia.

Lattarulo, Leonardo (1977): *Nota su Landolfi poeta* in «La rassegna della letteratura italiana», LXXXI, n. 1-2, pp. 129-135.

Macrì, Oreste (1940): *Altre notizie su idoli e scene* in: *Esemplari del sentimento poetico contemporaneo*, Firenze, Vallecchi.

Macrì, Oreste (1990): *Tommaso Landolfi narratore, poeta, critico e artefice della lingua*, Firenze, Le Lettere.

Marabini, Claudio (1969): *Tommaso Landolfi* in: *Gli anni Sessanta: narrativa e storia*, Milano, Rizzoli.

Pamploni, Geno (1969): *Tommaso Landolfi* in: *Storia della letteratura Italiana*, a cura di G. Cecchi e L. Sapegno, vol. IX, Milano, Garzanti.

Pancrazi, Pietro (1946): *Tommaso Landolfi scrittore d'ingegno* in: *Scrittori d'oggi*, Bari, Laterza.

Pandini, Giancarlo (1975): *Tommaso Landolfi*, Firenze, La Nuova Italia.

Pedullà, Walter (1973): *Tommaso Landolfi* in: *La letteratura del benessere*, Roma, Bulzoni (prima ed. 1968)

Piccioni, Leone (1954): *Tommaso Landolfi* in: *Sui contemporanei*, Milano, Fabbri.

Piccioni, Leone (1969): *Tommaso Landolfi* in: *Maestri e amici*, Milano, Rizzoli.

Pullini, Giorgio (1980): *Landolfi e il suo «enigma»* in: «Lettere italiane» XXIII, 3, pp. 356-63.

Romagnoli, Sergio, a cura di (1981): *Una giornata per Landolfi*, Firenze, Vallecchi.

Romagnoli, Sergio (1996): *Landolfi e il fantastico* in: Landolfi, I. (1996).

Rossi, Aldo (1988): *La semiologia* in: *I. Calvino. Atti del convegno internazionale, 26-28 febbraio 1987*, a cura di G. Falaschi, Milano, Garzanti.

Sanguineti, Edoardo (1963): *Tommaso Landolfi* in: *Letteratura Italiana. I contemporanei*, v. II, Milano, Marzorati.

Sanguineti, Edoardo (1989) Prefazione a: T. Landolfi, *LA BIERE DU PECHEUR*, Milano, Rizzoli.

Sereni, Vittorio (1973): *Letture preliminari*, Padova, Liviana.

Tarquini, Tarcisio, a cura di (1989): *Landolfi libro per libro*, Alatri, Hetea.

Varese, Claudio (1951): *Tommaso Landolfi* in: *Cultura letteraria contemporanea*, Pisa, Nistri-Lischi.

Zanzotto, Andrea (1994): *Auree e disincanti del Novecento letterario*, Milano, Mondadori.

INDICE

INTRODUZIONE 7

PRIMA PARTE – Il territorio fantastico 11
1. Il fantastico: terra senza confini 13
2. La definizione di Todorov 18
3. Dopo Todorov 27
4. Il fantastico oggi 39

SECONDA PARTE – Il fantastico rivisitato di Tommaso Landolfi 45
1. Tommaso Landolfi «autore di racconti fantastici» 47
2. Un campionario di manie e deliri 57
3. «Una voce che pare faccia il verso ad un'altra voce» 66
4. L'esperienza della notte: *La pietra lunare* 73
5. Il *Mar delle Blatte*, la psicanalisi, il surrealismo 84
6. Nelle viscere del labirinto: *Racconto d'autunno* 95
7. Prigioniero di una bizzarra astronave: *Cancroregina* 105
8. Una Lolita di gomma: *La moglie di Gogol* 116
9. Squarci nel tessuto del reale: I «raccontini» fantastici
   dell'ultima stagione landolfiana 121

CONCLUSIONI 129
Uno scrittore sempre inattuale 131

Bibliografia 139